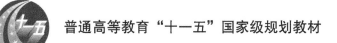
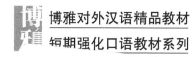

汉语口语速成

基础篇 下册

Elementary (Volume 2)

SHORT-TERM SPOKEN CHINESE

第三版　3rd Edition

马箭飞　主编
李德钧　成　文　编著

图书在版编目(CIP)数据

汉语口语速成.基础篇.下册 / 马箭飞主编；李德钧，成文编著.—3版.—北京：北京大学出版社，2015.11
（博雅对外汉语精品教材）
ISBN 978-7-301-26072-2

Ⅰ.①汉… Ⅱ.①马…②李…③成… Ⅲ.①汉语—口语—对外汉语教学—教材 Ⅳ.①H195.4

中国版本图书馆CIP数据核字(2015)第167730号

书　　　名	汉语口语速成·基础篇（第三版）（下册） HANYU KOUYU SUCHENG · JICHU PIAN (DI-SAN BAN) (XIA CE)
著作责任者	马箭飞　主编　李德钧　成文　编著
策　　　划	王　飙
责任编辑	孙　娴
绘　　　图	潘弋妮
标准书号	ISBN 978-7-301-26072-2
出版发行	北京大学出版社
地　　　址	北京市海淀区成府路205号　100871
网　　　址	http://www.pup.cn　　新浪微博：@北京大学出版社
电子信箱	zpup@pup.cn
电　　　话	邮购部 62752015　发行部 62750672　编辑部 62753027
印刷者	北京虎彩文化传播有限公司
经销者	新华书店
	787毫米×1092毫米　16开本　9.75印张　196千字 2000年5月第1版 2015年11月第3版　2025年2月第7次印刷
定　　　价	49.00元

未经许可，不得以任何方式复制或抄袭本书之部分或全部内容。
版权所有，侵权必究
举报电话：010-62752024　电子信箱：fd@pup.pku.edu.cn
图书如有印装质量问题，请与出版部联系，电话：010-62756370

第三版出版说明

INTRODUCTION

"汉语口语速成"包含《入门篇》（上、下册）、《基础篇》（上、下册）、《提高篇》《中级篇》《高级篇》，是一套使用广泛的短期汉语口语教材。这套教材1999—2000年陆续由北京语言大学出版社出版，2005年修订再版了《入门篇》（上、下册）、《基础篇》《提高篇》和《中级篇》。第三版由北京大学出版社出版。

"汉语口语速成"是一套备受欢迎的成熟教材，因此，第三版的修订，主要是修改或更换过时的内容。除此之外，由于《基础篇》篇幅较大，第三版改为上、下册；第二版没有修订《高级篇》，这次一并修订。

欢迎广大师生继续使用这套教材，并积极反馈教学意见，以便我们将来继续打磨这套精品教材。

北京大学出版社
汉语及语言学编辑部
2015年6月

前 言
PREFACE

"汉语口语速成"是为短期来华留学生编写的,以培养学生口语交际技能为主的一套系列课本。全套课本共分 7 册,分别适应具有"汉语水平等级标准"初、中、高三级五个水平的留学生的短期学习需求。

编写这样一套系列课本主要基于以下几点考虑:

1. 短期来华留学生具有多水平、多等级的特点,仅仅按初、中、高三个程度编写教材不能完全满足学生的学习需求和短期教学的需求,细化教学内容、细分教材等级,并且使教材形成纵向系列和横向阶段的有机结合,才能使教材具有更强的适应性和针对性。

2. 短期教学的短期特点和时间上高度集中的特点,要求我们在教学上要有所侧重,在内容上要有所取舍,不必面面俱到,所以短期教学的重点并不是语言知识的系统把握和全面了解,而是要注重听说交际技能的训练。这套课本就是围绕这一目的进行编写的。

3. 短期教学要充分考虑到教学的实用性和时效性,要优选与学生日常生活、学习、交际等方面的活动有直接联系的话题、功能和语言要素进行教学,并且要尽量使学生在每一个单位教学时间里都能及时地看到自己的学习效果。因此,我们试图吸收任务教学法的一些经验,力求每一课内容都能让学生掌握并应用一项或几项交际项目,学会交际中所应使用的基本话语和规则,从而顺利地完成交际活动。

4. 教材应当把教师在教学中的一些好经验、好方法充分体现出来。在提供一系列学习和操练内容的同时,还应当在教学思路、教学技巧上给使用者以启示。参与这套教材编写的人员都是有多年教学经验,并且在教学上有所创新的青年教师,他们中有多人都曾获得过校内外的多个教学奖项。我们希望这套教材能够反映他们在课堂教学上的一些想法,与同行进行交流。

5. 编写本套教材时,我们力求在语料选取、练习形式等方面有所突破。尽量选取并加工真实语料,增加交际性练习内容,使用图片、实物图示等手段丰富教材信息,增加交际实感,体现真实、生动、活泼的特点。

"汉语口语速成"系列课本包括《入门篇》(上、下册)、《基础篇》(上、下册)、《提高篇》《中级篇》《高级篇》7 本。

1. 入门篇（上、下册）

适合零起点和初学者学习。两册共 30 课，1—5 课为语音部分，自成系统，供使用者选用。6—30 课为主课文，涉及词汇语法大纲中最常用的词汇、句型和日常生活、学习等交际活动中最基本的交际项目。

2. 基础篇（上、下册）

适合具有初步听说能力，掌握汉语简单句型和 800 个左右词汇的学习者学习。两册共 24 课，涉及大纲中以乙级词汇为主的常用词、汉语特殊句式、复句以及日常生活、学习、社交等交际活动的简单交际项目。

3. 提高篇

适合具有基本的听说能力，掌握汉语一般句式和主要复句、特殊句式及 1500 个词汇的学习者学习。共 24 课（含 4 课复习），涉及以重点词汇为主的乙级和丙级语法内容和词汇；涉及生活、学习、社交、工作等交际活动的一般性交际项目。

4. 中级篇

适合具有一般的听说能力，掌握 2500 个以上汉语词汇以及一般性汉语语法内容的学习者学习。共 14 课，涉及以口语特殊格式、具有篇章功能的特殊词汇为主的丙级与丁级语法和词汇以及基本的汉语语篇框架；涉及生活、学习、工作、社会文化等方面较复杂的交际项目。

5. 高级篇

适合具有较好的听说能力，掌握 3500 个以上汉语词汇，在语言表达的流利程度、得体性、复杂程度等方面具有初步水平的学习者学习。共 20 课，涉及大纲中丁级语法项目和社会文化、专业工作等内容的复杂交际项目，注重训练学习者综合表达自己的态度见解和分析评判事情的能力。

"汉语口语速成"系列课本适合以 6 周及 6 周以下为教学周期的各等级短期班的教学使用，同时也可以作为一般进修教学的口语技能课教材和自学教材使用。

编者

简 称 表

ABBREVIATIONS

名词	míngcí	名	noun
动词	dòngcí	动	verb
助动词	zhùdòngcí	助动	auxiliary verb
形容词	xíngróngcí	形	adjective
代词	dàicí	代	pronoun
数词	shùcí	数	numeral
量词	liàngcí	量	measure word
数量词	shùliàngcí	数量	quantifier
副词	fùcí	副	adverb
连词	liáncí	连	conjunction
介词	jiècí	介	preposition
助词	zhùcí	助	particle
叹词	tàncí	叹	interjection
专有名词	zhuānyǒu míngcí	专名	proper noun

目 录

CONTENTS

第13课　旅行归来　　　　　　　　　　　　　　　　　　　　*1*

注释 NOTES

1 从头到尾别提多开心了。
2 你们都游览了什么地方？
3 我听说云冈石窟是中国三大石窟之一……
4 要说印象最深，还是悬空寺。
5 以后无论什么时候，我都忘不了悬空寺。
6 可谁知更麻烦了。
7 谁也不想旅行回来时一肚子不高兴。

第14课　体育健身　　　　　　　　　　　　　　　　　　　　*13*

注释 NOTES

1 那你肯定没我游得快。
2 我在国内时，一周要游十个小时。
3 游的时间多并不能说明游得快。
4 要真是这样的话，你比我游得快多了。
5 那倒不是。
6 随着生活水平的提高，人们越来越关心自己的健康了。

第15课　各有所爱　　　　　　　　　　　　　　　　　　　　*23*

注释 NOTES

1 谁说的？
2 虽说我没怎么看过……
3 虽说我没怎么看过，可我现在就能告诉你这个故事的结局。
4 浪漫不浪漫我不知道，反正挺慢的……
5 就是三天不看也知道是怎么回事。
6 可虽说如此，电影却越来越难满足人们的口味。
7 而有些轻松随便的电影却很受欢迎。

第16课　理想的职业　　　　　　　　　　　　　　　35

注释 NOTES

1 难道你还不满意?
2 看样子你还是个大学生吧?
3 收入是最关键的,不然的话,再舒服的工作也不好。
4 再舒服的工作也不好。
5 当然还有自然环境。
6 可见,在老百姓心里,"知识"很重要。

第17课　业余爱好　　　　　　　　　　　　　　　46

注释 NOTES

1 爱看谈不上,闲着没事的时候也看看。
2 从那时起,我就开始集邮了。
3 除此以外,集邮还能让人增长知识。
4 由于现代社会的节奏很快,人们生活和工作的压力很大。
5 于是就有了各种各样的"迷"。
6 他跟别人聊天儿的时候,除了篮球还是篮球。

第18课　中国家庭　　　　　　　　　　　　　　　56

注释 NOTES

1 你跟你叔叔长得太像了,几乎完全一样。
2 我根本认不出来。
3 我根本认不出来。
4 假如所有的丈夫都能听妻子的,那家家都会幸福快乐。
5 ……否则就会有麻烦。
6 然而这只是一方面……
7 然而这只是一方面,另一方面……

第19课　看望病人　　　　　　　　　　　　　　　68

注释 NOTES

1 真是倒霉透了!
2 楼道里的灯坏了,结果爬楼梯时摔了一跤……
3 你好好养伤,可别着急。
4 你每天除了吃药就是休息,不寂寞吗?
5 是药就吃。
6 知道自己生病了,甚至知道病很严重……
7 不是去医院找大夫,而是自己去药店买药……

第20课　生活习惯　　　　　　　　　　　　　　　　　　　**80**

注释 NOTES

1 都十点半了，还在睡懒觉呢？
2 对我来说，现在睡觉可比看电影重要得多。
3 一到时间，非睡不可。
4 一点以前能睡就算早的了。
5 恐怕我躺下的时候，你已经在散步了。
6 就只好在办公室里随便休息一会儿……

第21课　看比赛　　　　　　　　　　　　　　　　　　　**91**

注释 NOTES

1 除非有人退票。
2 到时候要是等不着票，再想回去看电视也来不及了。
3 那倒也是……
4 要是白等半天，还不如回去看电视呢。
5 与其看这样的比赛，还不如在家看看书、聊聊天儿呢。
6 以后再也不看这两个队的比赛了。
7 可你偏不信。

第22课　春夏秋冬　　　　　　　　　　　　　　　　　　　**102**

注释 NOTES

1 再不下雨就受不了了。
2 武汉、长沙才是最热的。
3 南方都比较热，其中长江边的上海、南京、武汉、重庆被人们叫做"四大火炉"。
4 一来那儿有不少名胜古迹，二来那儿也不太热。
5 可惜秋天太短，冬天很快就来了。
6 有时一两个星期都不得不打着伞出门儿，人的心情也会受影响。
7 至于冬天和夏天，有人说在北京过好，有人说在上海过好。

第23课　友好交往　　　　　　　　　　　　　　　　　　　**115**

注释 NOTES

1 时间由你定。
2 我们的几个主力不是回家了，就是生病了。
3 我们平常难得能找到西班牙留学生练习口语。
4 我中学时学的就是英语，何况现在英语几乎已经成了世界通用语了。
5 安娜尽管只学过八个月汉语，但都是在中国学的。
6 周围的同学没有不羡慕他们的。

第24课　你考得怎么样　　　　　　　　　　　　　　　　　127

注释 NOTES

1 简直不敢想，结果会是这个样子！
2 到底怎么回事？
3 我不但不用补考，反而成了全班第一。
4 人家要准备考试，你应该理解人家；反过来，你要睡觉，他们也应该理解。
5 据说音乐学院挺难考的。
6 谁也不能影响别人的正常生活，哪怕是为了考大学。

词汇表 VOCABULARY　　　　　　　　　　　　　　　　　138

第13课 旅行归来

生词 NEW WORDS

1	感觉	gǎnjué	动/名	to feel; feeling
2	从头到尾	cóng tóu dào wěi		from the beginning to the end
3	别提	biétí	动	to be indescribable
4	开心	kāixīn	动	happy
5	十全十美	shí quán shí měi		perfect
6	悬空	xuánkōng	动	to suspend in mid air
7	寺	sì	名	temple
8	塔	tǎ	名	pagoda
9	之	zhī	助	(one) of
10	所有	suǒyǒu	形	all
11	佛像	fóxiàng	名	figure of Buddha
12	害怕	hàipà	动	to be scared

13	无论	wúlùn	连	no matter
14	回	huí	量	time (a measure word)
15	晕车	yùn chē		car-sickness
16	吐	tù	动	to vomit
17	导游	dǎoyóu	名	tour guide
18	好心	hǎoxīn	形/名	warm-hearted; goodness
19	片	piàn	量	a measure word for slices, tablets, etc.
20	没用	méi yòng		useless
21	放松	fàngsōng	动	to relax
22	心情	xīnqíng	名	mood
23	愉快	yúkuài	形	pleasant
24	半路	bànlù	名	midway
25	推	tuī	动	to push
26	样子	yàngzi	名	manner
27	遇到	yù dào		to meet accidentally

● 专名

1	悬空寺	Xuánkōng Sì	name of a temple
2	应县	Yìng Xiàn	name of a place
3	泰山	Tài Shān	Mt. Taishan

课文 TEXTS

1 汤　姆：这次旅行你感觉怎么样？

李钟文：吃得好，住得好，玩儿得也好，从头到尾别提多开心了。[1]

汤　姆：这么说十全十美了。你们都游览了什么地方？[2]

李钟文：云冈石窟、悬空寺，还有应县木塔，该去的地方都去了。

汤　姆：我听说云冈石窟是中国三大石窟之一，[3]一定很漂亮吧？

李钟文：你说得一点儿也不错。我们所有的人都被那些佛像迷住了。

汤　姆：这些地方，你印象最深的是哪里？

李钟文：要说印象最深，还是悬空寺。[4]

汤　姆：听这名字就让人害怕。

李钟文：没错，看见时害怕，上去的时候害怕，到了上边更害怕。以后无论什么时候，我都忘不了悬空寺。[5]

2 张　英：听爱珍说你们这次旅行挺不错，是吗？

望　月：不错什么呀！一点儿也不好。

张　英：是吗？怎么回事？

望　月：我晕车，坐火车还行，坐汽车时间一长就想吐。

张　英：原来是这样。吃点儿晕车药就好啦。

望　月：哪儿呀！第一天没吃药，虽然很难受，但是还看了几个地方。第二天，导游好心，给了我两片药，可谁知更麻烦了。[6]

张　英：又怎么了？吃药也没用？

望　月：不是。我把两片药全吃了。吃了以后就一直睡觉，什么都没看到！

③ 旅行是为了放松、休息，使心情愉快。谁也不想旅行回来时一肚子不高兴。[7]

上次我们去泰山游览，可谁知半路上汽车坏了。但是我们既没有不高兴，也没有着急。大家又说又笑，做出推车上泰山的样子，照了很多照片，别提多有意思了！现在一说起旅行，我就想起这件事。可以说，这是我印象最好、最深的一次旅行。

所以，无论遇到什么事，只要心情好，不愉快的事有时也能让你一样开心。

注释 NOTES

1 从头到尾别提多开心了。

"别提"表示程度很深，使用的格式是：别提 + 多 + 形容词 / 动词（词组）+ 了，有时"别提"后面可加上"有"字。例如：

"别提" shows that the degree is very high. The structure is "别提 + 多 + adjective / verb (phrase) + 了". Sometimes "有" is added after "别提". e.g.,

① 他的护照丢了，别提多着急了。
② 我家的玫瑰花开了，别提多香了。
③ 黄勇长得别提多像他爸爸了。
④ 明明放学后没有回家，妈妈别提有多担心了。

注意："别提"跟"别 + 提"不同，"别 + 提"意思是不要说，表示劝阻。例如：
NB: "别提" and "别 + 提" are different. "别 + 提" means not to mention something and denotes dissuasion, e.g.,

⑤ 你见了他，先别提借钱的事。

⑥ A：昨天你们换钱了吗？
　　B：别提了，昨天银行休息。

2 你们都游览了什么地方？

"都"总括动词涉及的全部对象。问话时，只用于特指疑问句，总括的对象（疑问代词）放在"都"后。例如：

"都" includes all the objects the verb is related to. It is only used in special questions, and all the objects the verb is related to go after "都", e.g.,

① 你们家都有谁？
② 刚才校长都说了些什么？
③ 飞龙去黄勇家都带了什么礼物？

3 我听说云冈石窟是中国三大石窟之一……

"之一"意思是"其中的一个"，"是……之一"是常用形式。例如：

"之一" means "其中的一个" (one of...). It is often used in the structure "是……之一", e.g.,

① 爱珍是望月的好朋友之一。
② 杭州是中国有名的城市之一。
③ 中国是世界上人口较多的国家之一。

4 要说印象最深，还是悬空寺。

这里的"要"是连词，表示假设。"要说"意思是"如果说"，后边可以接名词、动词、形容词或句子。例如：

Here "要" is a conjunction, denoting a hypothesis. "要说" means "如果说". After it one can use a noun, a verb, an adjective or a sentence, e.g.,

① 要说条件，这儿当然不如大饭店。
② 要说做饭，还是妈妈做的饭好吃。
③ 要说漂亮，还是这件衣服更好。
④ 要说谁汉语学得最好，还得说是李明。

5 以后无论什么时候，我都忘不了悬空寺。

"无论"表示条件改变，但是结果不变。一般用"无论……也／都……"的形式。"无论"后边一定要有"什么""怎么""谁""哪""多么"等词，或者有表示选择关系的并列成分。"无论"也可以说成"不管"。例如：

"无论" means under whatever circumstances, the result remains the same. It is usually used in the structure "无论……也／都……". After "无论", one must use "什么", "怎么", "谁", "哪", "多么", etc., or coordinate elements suggesting choices. "无论" can be replaced by "不管", e.g.,

① 无论我怎么解释，他也不明白。
② 无论谁有困难，他都热心帮忙。
③ 无论多么冷，他都坚持每天去河里游泳。
④ 无论你想不想做，你都得做。
⑤ 老王家，不管大事小事都是大家商量着办。

6 可谁知更麻烦了。

"谁知（道）"表示没想到。例如：

"谁知（道）" means "unexpectedly", e.g.,

① 我只是让他尝尝我做的蛋糕，谁知他把一个蛋糕都吃了。
② 开始的时候，他学汉语是因为觉得好玩儿，可谁知一学就着迷了。
③ 我以为滑冰很容易，谁知道这么难呀。

7 谁也不想旅行回来时一肚子不高兴。

"一肚子"表示的意思是"心里充满……（的感觉）"，后面常用"不高兴""气""话"等。例如：

"一肚子" means "心里充满……（的感觉）" (full of). "不高兴"，"气"，"话"，etc. are often used after it, e.g.,

① 东西没买成，还生了一肚子气。
② 他们好长时间没见面了，都有一肚子话要说。

练习 EXERCISES

一、看图，按照下面提供的情景和提示完成对话 Complete the dialogue according to the pictures and the given situations

飞龙想去一个小地方玩儿，黄勇有点儿担心，不希望他去，可是飞龙一定要去。

黄勇：我看你别去那儿了，＿＿＿＿＿＿＿＿＿＿＿＿。

飞龙：无论＿＿＿＿＿＿＿＿＿＿＿＿，我都要去。

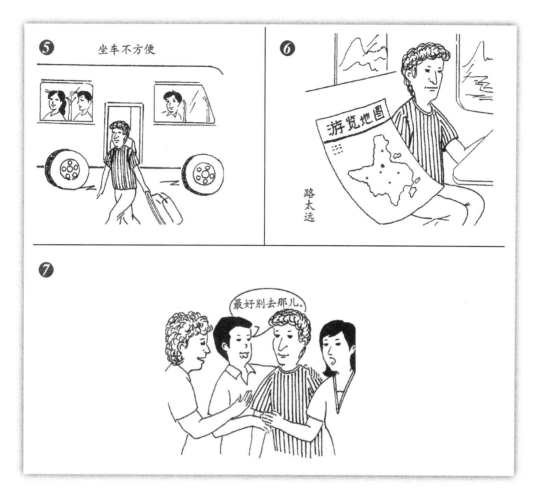

▶ 二、你和你的朋友谈对中国或北京的印象（参考下面的提示） Talk with your friend about your impression of China or Beijing (you may follow the examples and clues given below)

例 Example

A：你觉得中国的什么方面给你印象最深？

B：要说印象最深，应该是中国的交通，特别是中国的自行车，比天上的星星还多。

1. 玩儿的地方　　2. 吃的饭菜　　3. 住的饭店
4. 服务员的态度　5. 东西的价钱　6. 买东西的地方

三、用"别提"完成下边的对话　Complete the following dialogues with "别提"

1. A：你的宿舍怎么样？
   B：_____

2. A：昨天她做的菜好吃吗？
   B：_____

3. A：明天有时间吗？有时间的话，咱们去外边玩儿玩儿吧。
   B：_____

4. A：怎么了？
   B：_____。
   我的眼镜坏了。

四、用括号中的词语完成对话　Complete the dialogues using the words in the brackets

1. A：_____？　　　　　　　　　　（都）
   B：我爷爷、奶奶、爸爸、妈妈、哥哥和我。

2. A：_____？　　　　　　　　　　（都）
   B：我去过故宫、天坛、长城、北海。

3. A：_____？　　　　　　　　　　（都）
   B：星期五晚上玩儿到很晚才睡觉，星期六起床也很晚，有时候星期六去外边玩儿玩儿，星期天复习、预习，准备星期一上课。

4. 我本来以为不会迟到的，_____。　（谁知）

5. _____，可谁知他昨天病了，来不了了。（以为）

6. 那个女演员是_____。　　　　　　（之一）

五、用"无论"改写下边的句子 Rewrite the following sentences using "无论"

1. 哪儿都能吃到中国菜。
   ⇨ _____。

2. 谁都不喜欢做这样的事情。
   ⇨ _____。

3. 你说的那种工作，没有一个地方能找到。
   ⇨ _____。

4. 全世界的人都希望和平。
   ⇨ _____。

5. 这种食品，放不放糖都很好吃。
   ⇨ _____。

6. 没关系，你什么时候有空儿，都可以来玩儿。
   ⇨ _____。

六、用本课的生词填空 Fill in the blanks with the new words in this lesson

1. 每拿到一本书，他总是_____看一遍。
2. 听了他讲的笑话，大家都_____地笑了。
3. 每个人都有缺点，不可能有_____的人。
4. 出国之前，他把_____的东西都卖了。
5. 这么晚了，你一个人回去不_____吗？
6. 雨伞在那个地方_____，因为那儿很少下雨。
7. 上次旅行，他的钱包、护照都弄丢了。后来，一个_____人给了他200块钱。
8. 考试前应该_____，别太累了。

9. 昨天晚上他酒喝得太多了，差点儿_____了。

10. 因为_____堵车，他来晚了20多分钟。

会话 DIALOGUE

一、完成下列对话 Complete the following dialogue

A：听说上个星期六你们去长城了，怎么样？

B：_____！

A：来北京以后你都_____？

B：我已经去了很多地方了，有_____。

A：那给你印象最深的是什么？

B：要说_____。

A：我也觉得这儿是北京最漂亮的地方之一。明天又到星期六了，你有什么打算？

B：_____。

A：可是刚才我听天气预报说明天要下雨。

B：无论_____。

A：好，我也跟你一起去。

二、把课文3改成对话 Change Text 3 into a dialogue

第14课 体育健身

生词 NEW WORDS

1	游泳	yóu yǒng		to swim
2	周	zhōu	名	week
3	纪录	jìlù	名	record
4	运动	yùndòng	名/动	sports; to exercise
5	受	shòu	动	to receive, to be subjected to
6	足球	zúqiú	名	soccer
7	倒	dào	副	*indicating an opposite effect*
8	伤心	shāng xīn		sad
9	太极拳	tàijíquán	名	*taijiquan*, shadow boxing
10	健康	jiànkāng	形/名	healthy; health
11	长寿	chángshòu	形	long-lived

12	随	suí	动	to be in pace with
13	关心	guānxīn	动	to pay attention to
14	保持	bǎochí	动	to keep
15	篮球	lánqiú	名	basketball
16	乒乓球	pīngpāngqiú	名	table tennis
17	羽毛球	yǔmáoqiú	名	badminton
18	激烈	jīliè	形	intense
19	气功	qìgōng	名	qigong
20	平和	pínghé	形	calm
21	广场舞	guǎngchǎngwǔ	名	square fitness dance
22	保龄球	bǎolíngqiú	名	bowling
23	健美操	jiànměicāo	名	aerobics
24	台球	táiqiú	名	billiards

课文 TEXTS

1 左 拉：这天真够热的。

飞 龙：是啊，热得我饭也吃不下、觉也睡不香。

左 拉：下午咱们去游泳吧。

飞 龙：好啊，咱们比比，看谁游得快。

左 拉：那你肯定没我游得快。[1]

飞 龙：是吗？那可不一定。我在国内时，一周要游十个小时。[2]

左 拉：游的时间多并不能说明游得快。[3]我100米的最好成绩是一分十秒，是我们学校的纪录！

飞 龙：要真是这样的话，你比我游得快多了。[4]

2 汤　姆：在中国，什么运动最受欢迎？
　 黄　勇：以前是足球，现在不太好说了。
　 汤　姆：为什么？是不是现在的人不喜欢足球了？
　 黄　勇：那倒不是。[5]喜欢足球的人还是很多，可国家队的成绩总是让人伤心。
　 汤　姆：这说明你们还不够喜欢。喜欢什么运动是自己的事，不应该受别人的影响。你喜欢什么运动？
　 黄　勇：我以前也喜欢足球，现在我喜欢打太极拳。每天早上都要打半个小时。
　 汤　姆：在我印象里，打太极拳的都是些中老年人，安安静静的，对健康长寿很有好处。
　 黄　勇：现在有不少年轻人也喜欢打太极拳。你要是有兴趣，我可以教你。

3 随着生活水平的提高，人们越来越关心自己的健康了。[6]保持健康的最好方法就是体育运动。以前，年轻人喜欢篮球、足球、乒乓球、羽毛球、跑步等比较激烈的运动，中老年人喜欢打太极拳、练气功等比较平和的运动。不过最近越来越多的中老年人喜欢跳广场舞了；年轻人的兴趣也变得多种多样，保龄球、健美操、台球等等越来越受欢迎。

注释 NOTES

1 那你肯定没我游得快。

汉语里常用动词"有""没有"来表示比较。"A 有/没（有）B + 比较的方面"，意思是在某个方面 A 事物达到（或没达到）B 事物的程度。这种方式的比较多用于否定句和疑问句。例如：

"有" or "没有" is often used to express a comparison in Chinese. The pattern "A 有／没有 B + the aspect in which the comparison is being made" means that A has (or hasn't) reached the degree which B has reached in a given aspect. This kind of comparison is often used in negative sentences or questions, e.g.,

① 我没有我姐姐那么喜欢旅游。
② 住学校宿舍没有自己租房子住随便。
③ 这个房间没有那个大。
④ 那个孩子有他妈妈高了。
⑤ 妹妹有姐姐长得漂亮吗？

2 我在国内时，一周要游十个小时。

这里的"十个小时"用在动词"游"后边，语法上叫时量补语。时量补语补充说明一个动作或一种状态持续的时间。例如：

"十个小时" here is used after "游" and is called a complement of duration which indicates how long an action or a state lasts, e.g.,

① 我们休息了两个小时。
② 这场比赛打了三个小时。

动词后边如果有宾语，一般要重复动词。时量补语放在第二次出现的动词后边。例如：

If the verb is followed by an object, the verb is usually repeated. The complement of duration is put after the verb which is repeated, e.g.,

③ 我找你找了一下午，你去哪儿了？
④ 昨天我写作业写了两个多小时。

如果宾语不是人称代词，时量补语还可以放在动词和宾语中间，时量补语和宾语之间可以加"的"。例如：

If the object isn't a personal pronoun, the complement of duration can be put between the verb and the object, and "的" can be placed between the complement of duration and the object, e.g.,

⑤ 来中国以前，李钟文学过三个月（的）汉语。
⑥ 上星期六，飞龙他们跳了一夜（的）舞。

注意：如果宾语比较复杂时，一般把宾语放在句子前边。例如：
NB: When the object is quite complex, one usually puts the object at the beginning of the sentence, e.g.,

⑦ 那条新买的裙子她找了一天了，可是还没找到。

3 游的时间多并不能说明游得快。

"并"用在否定词前边，强调否定。有说明真实情况、否定某种看法的意思。例如：

"并" is used before the word of negation to show emphasis. It is used to explain a true situation and to negate an opinion, e.g.,

① 我并不知道今天考试。
② 他是四川人，可是并不爱吃辣的。
③ 批评并不是教育孩子的好方法。

4 要真是这样的话，你比我游得快多了。

这里的"要"是连词，用于假设复句。

Here "要" is a conjunction used in a hypothetical compound sentence.

（1）表示"如果"的意思，本句就是这种用法。例如：

It means "如果" (if), as in the example above, e.g.,

① 你要不来，就给我打个电话。
② 要知道下雨，我就带雨伞来了。

③ 要不是走错了路，我们早到了。
④ 这次旅行要不是遇到一个好心人，他就回不来了。

（2）有时"要"有"如果打算"的意思。例如：
Sometimes "要" means "如果打算" (if one plans to....), e.g.,

⑤ 要买就买最好的。
⑥ 要去咱们就早点儿去。
⑦ 你要看名胜古迹，北京就有很多。

5 那倒不是。

这里的"倒"用在否定句里缓和否定的语气，常有反驳、辩解或说明事实的意思。例如：

Here "倒" is used in a negative sentence to soften the tone. It is often used to refute, to defend somebody, or to explain a fact, e.g.,

① 你说他肯定来？那倒不一定。
② 我倒不是一定让你戒烟，只是让你别在办公室里抽。

6 随着生活水平的提高，人们越来越关心自己的健康了。

"随着"表示某个情况是另一个情况发展、变化的原因或条件。例如：

"随着" means that it is because of something or it is under a certain circumstance, a situation develops or changes, e.g.,

① 随着社会的进步，语言也在发展。
② 随着私人汽车数量的增加，这个城市的空气污染越来越厉害。
③ 比赛场上的情况突然发生了变化，观众的心情也随着紧张起来。

练习 EXERCISES

一、看图说话（用"没有"） Talk about the pictures using "没有"

①

_____。

②

_____。

③

_____。

二、根据所给材料用时量补语做问答练习　Make questions and give answers with the complement of duration according to the given information

小明是个中学生，下边是他的时间表：

6:10	起床
6:10—6:40	跑步，锻炼身体
6:40—7:20	读外语
7:20—7:35	早饭
7:35—7:55	坐车去学校
8:00—16:00	上课
16:00—17:00	跟同学一起运动（足球、篮球、乒乓球……）
17:00—17:20	坐车回家
17:20—18:00	跟父母一起准备晚饭
18:00—18:30	晚饭
18:30—19:30	跟家里人一起看电视、聊天儿
19:30—22:30	学习
22:30	睡觉

例 Example

A：他每天回家以后学习多长时间？
B：他每天在家学习三个小时。

三、用所给词语完成句子　Complete the sentences using the given words

1. 小明因为玩儿电脑忘了写作业，＿＿＿＿＿＿＿＿＿＿。（受）
2. 这个歌星唱歌好听，相貌也好，＿＿＿＿＿＿＿＿＿＿。（受）
3. ＿＿＿＿＿＿＿＿＿＿，他怎么来了？（并）
4. 我绝对不会跟他结婚，因为＿＿＿＿＿＿＿＿＿＿。（并）

5. 我是听别人说的，＿＿＿＿＿＿＿＿。　　　　　　（并）
6. ＿＿＿＿＿＿＿＿，现在的野生动物越来越少。　（随着）
7. ＿＿＿＿＿＿＿＿，人们的生活水平比以前高多了。（随着）

四、用"比""不如""没有"说句子 Make sentences using "比","不如","没有"

1. 坐火车　　　　坐飞机　　　　舒适
   ＿＿＿＿＿＿＿＿＿＿＿＿＿＿＿＿＿＿＿＿＿＿＿。

2. 我们的宿舍楼　　教学楼　　　　高多了
   ＿＿＿＿＿＿＿＿＿＿＿＿＿＿＿＿＿＿＿＿＿＿＿。

3. 他写汉字　　　　马龙写汉字　　好看
   ＿＿＿＿＿＿＿＿＿＿＿＿＿＿＿＿＿＿＿＿＿＿＿。

4. 他的儿子　　　　桌子　　　　　高
   ＿＿＿＿＿＿＿＿＿＿＿＿＿＿＿＿＿＿＿＿＿＿＿。

5. 我到教室　　　　老师到教室　　还早五分钟
   ＿＿＿＿＿＿＿＿＿＿＿＿＿＿＿＿＿＿＿＿＿＿＿。

6. 走那条路　　　　走这条路　　　近
   ＿＿＿＿＿＿＿＿＿＿＿＿＿＿＿＿＿＿＿＿＿＿＿。

7. 飞龙游泳　　　　汤姆游泳　　　快
   ＿＿＿＿＿＿＿＿＿＿＿＿＿＿＿＿＿＿＿＿＿＿＿。

8. 我喜欢唱歌　　　他更喜欢唱歌
   ＿＿＿＿＿＿＿＿＿＿＿＿＿＿＿＿＿＿＿＿＿＿＿。

五、用本课的生词填空 Fill in the blanks with the new words in this lesson

1. 他以前学汉语的时候，每天上六个小时的课，一_____要上三十个小时的汉语课。

2. 在这次运动会上，没有出现新的_____。

3. 不知道为什么，这部电影_____到了大家的批评。

4. 听到这个消息，她_____地哭了。

5. _____的身体对每个人都是非常重要的。

6. 他只_____工作，一点儿也不_____孩子。

7. 昨天晚上的_____比赛非常_____，裁判一共出了三张红牌、七张黄牌。

8. 许多年轻姑娘为了健康、漂亮去练_____。

9. _____着社会的进步，_____的老人越来越多。

会话 DIALOGUE

把下边的短文改成对话 Change the following paragraphs into a dialogue

（还记得爱珍是哪国人吗？）爱珍的国家是世界上网球水平最高的国家之一。她在国内的时候很喜欢打网球，每个星期六都要打两个小时，所以她的网球打得不错。

现在，中国有越来越多的年轻人喜欢网球运动，张英也想学打网球。爱珍知道以后，就对张英说："我可以教你，只要不怕累，你就一定能学会。"

第15课 各有所爱

生词 NEW WORDS

1	样子	yàngzi	名	appearance
2	流行	liúxíng	形/动	fashionable; to be popular
3	式	shì	名	style
4	打赌	dǎ dǔ		to bet
5	输	shū	动	to lose
6	演	yǎn	动	to perform, to act
7	追	zhuī	动	to chase after
8	连续剧	liánxùjù	名	sitcom, soap opera
9	虽说	suīshuō	连	although
10	结局	jiéjú	名	ending
11	关键	guānjiàn	名/形	crux; crucial

12	经过	jīngguò	名/动	process; to go by
13	浪漫	làngmàn	形	romantic
14	反正	fǎnzhèng	副	anyway
15	就是	jiùshì	连	even if
16	推荐	tuījiàn	动	to recommend
17	科教片	kējiàopiàn	名	popular science film
18	探索	tànsuǒ	动	to explore
19	如此	rúcǐ	代	so
20	却	què	副	but
21	满足	mǎnzú	动/形	to satisfy, to meet; satisfied
22	口味	kǒuwèi	名	taste
23	辛苦	xīnkǔ	形	hard
24	拍	pāi	动	to make (a movie)
25	轻松	qīngsōng	形	easy

课文 TEXTS

1. 黄　勇：你怎么买这种样子的帽子？真没想到！

   张　英：怎么了？这是我给哥哥买的生日礼物，现在最流行的。你看杂志上这个大明星都戴呢。

   黄　勇：这样的东西也能受欢迎？真奇怪！连男式女式都分不清楚。

   张　英：谁说的？[1]我觉得挺好看的。

   黄　勇：我敢跟你打赌，你哥哥一定不喜欢。

张　英：行，谁输了谁请看电影！
黄　勇：先说好了，你别请我看这个大明星演的电影。
张　英：我请你？你等着请我吧！

2　飞　龙：你又上网追剧呢！这个连续剧又慢又长，别看了。
望　月：谁说的？我觉得挺好看。
飞　龙：虽说我没怎么看过，[2]可我现在就能告诉你这个故事的结局。[3]
望　月：你懂什么呀！关键是看故事发展的经过。多浪漫啊！
飞　龙：浪漫不浪漫我不知道，反正挺慢的，[4]就是三天不看也知道是怎么回事。[5]
望　月：别说了，别说了，你吵得我都听不清楚了！
飞　龙：我给你推荐一部科教片吧，叫《冰冻星球》，是介绍南极和北极的，可有意思了。还有《探索·发现》，是历史地理的。
望　月：我知道你喜欢科学啦，喜欢历史，可是我不感兴趣。

3　　现在的电影越来越丰富，看电影也越来越容易，坐在地铁里也能用手机看电影。可虽说如此，电影却越来越难满足人们的口味。[6]有的电影，导演、演员辛辛苦苦拍出来，却常常受到大家的批评，而有些轻松随便的电影却很受欢迎。[7]想一想，这就像喝酒一样，有人喜欢葡萄酒，有人喜欢啤酒，有人喜欢白酒，每个人的口味都不一样。一部电影不可能让所有的人都满意。这就是"萝卜白菜，各有所爱"。你觉得呢？

注释 NOTES

1 谁说的？

"谁说的？"是反问句，表示不同意或否认对方的说法。常用于口语。例如：

"谁说的？" is a rhetorical question often used in spoken Chinese indicating one doesn't agree with or denies what the other party said, e.g.,

① A：汤姆是咱们学校最高的人。
　 B：谁说的？我认识一个德国学生，比他还高5厘米呢。
② A：听说你要去英国。
　 B：谁说的？没这事儿。

2 虽说我没怎么看过……

"没/不+怎么+动词/形容词"结构

"没/不+怎么+ verb / adjective" structure

（1）"没/不+怎么+动词"。"没（不）怎么"表示不经常做某事，或做某事时花的时间、精力不多。动词有宾语时，也可以表示数量不多。例如：

"没/不+怎么+ verb"."没（不）怎么" means that one doesn't often do something, or that one doesn't spend much time or energy in doing it. When the verb has an object, it also means the quantity is small, e.g.,

① 这本书我有，不过没怎么看。
② 这几天老董胃不舒服，一直没怎么吃东西。
③ 我们平时不怎么联系。
④ 上中学时我不怎么参加运动。

（2）"不+怎么+形容词"。"不怎么"的意思是"不太"，表示程度不深。当"不怎么"后边是"能""会""想""愿意""爱""喜欢"等特殊动词时，也表示程度不深。例如：

"不 + 怎么+ adjective". "不怎么" means "不太" (not too...), indicating that the degree is not high. When a special verb such as "能", "会", "愿意", "爱" or "喜欢", etc. goes after "不怎么", it also means that the degree is not high, e.g.,

⑤ 昨天夜里下了一场雨，今天早晨不怎么热。
⑥ 香山主峰——香炉峰还有个名字叫"鬼见愁"，其实这座山并不怎么高。
⑦ 姑娘们一般不怎么愿意告诉别人自己的年龄。
⑧ 望月性格内向，不怎么爱说话，也不怎么爱笑。

3 虽说我没怎么看过，可我现在就能告诉你这个故事的结局。

"虽说"是口语用法，意思是"虽然"，常跟"可""可是""但是"前后呼应。例如：

"虽说" used in spoken Chinese, means "虽然", and usually echoed by "可""可是" or "但是", e.g.,

① 虽说我现在住的地方离学校比较远，可是房租便宜，环境也不错。
② 在大商场买东西虽说比较贵，但是质量一般不会有问题。

4 浪漫不浪漫我不知道，反正挺慢的……

（1）"反正"表示虽然条件不同或发生变化，但是某种情况是一定不变的。前边常有"无论""不管""不论"等词或表示正反两种情况的成分。例如：

"反正" means that even if the situation is not the same or has changed, something will not change. Expressions often used in the previous clause are "无论", "不管" or "不论", or an element expressing both affirmative and negative situations, e.g.,

① 不管别人去不去，反正我去。
② 老王戒没戒烟我不知道，反正他不敢在爱人面前抽烟。
③ 他没说什么时候来，反正会来的。

（2）"反正"表示坚决肯定的语气，用在特别向别人说明某个事实的时候。例如：

"反正" shows a resolute affirmation and is used when one explains a fact to other people, e.g.,

④ 你要什么我给你带回来吧，反正我要上街。
⑤ 出来了就多玩儿一会儿吧，反正回去也没事。
⑥ 我反正不用，你用吧。

5 就是三天不看也知道是怎么回事。

"就是……也……"，用于表示假设的让步复句，强调"也"后边的情况不变。常用于口语。"就是"有时可以省略。书面语用"即使"。例如：

"就是……也……" is a construction used in a hypothetical compound sentence of concession. It underlines that the situation stated after "也" doesn't change. It's used in spoken Chinese. Sometimes "就是" can be omitted. In written Chinese "即使" is used, e.g.,

① 明天就是下雨，我们也要去香山。
② 这场比赛就是飞龙不参加，我们也能赢。
③ 就是／即使老师也不一定认识这个汉字。
④ （就是）冬天他也敢在河里游泳。

6 可虽说如此，电影却越来越难满足人们的口味。

副词"却"表示转折。用在主语后边。可以和转折连词"可是""但是"同时用。例如：

"却" is a transitional adverb used after the subject. It can be used together with the transitional conjunction "可是" or "但是", e.g.,

① 昨天天气好你不来，今天天气不好，你却来了。
② 大家都在商量周末旅行的事，（可是）他却坐在旁边背生词。
③ 小时候总想长大，（但是）现在却总想回到童年。

7 而有些轻松随便的电影却很受欢迎。

连词"而"可表示转折,是"然而""但是""可是"的意思。可以用在形容词、动词、动词短语、句子之间。用于书面语。例如:

"而" is a transitional conjunction having the same meaning as "然而", "但是" and "可是". It can be used in between adjectives, verbs, verb phrases and sentences in written Chinese, e.g.,

① 这种苹果好看而不好吃。
② 学习外语而不练习口语,是学不好的。

有时"而"可以和"却"同时用在一个句子里,加强转折的语气。例如:
Sometimes "而" can be used in a sentence together with "却" to emphasize the transition, e.g.,

③ 在北京,人们已经开始一天的工作,而在纽约,人们却开始睡觉。
④ 我每天习惯早睡早起,而我的同屋却喜欢晚睡晚起。

练习 EXERCISES

一、用"就是……也……"介绍图中人物 Give a description of each person in the following pictures using "就是……也……"

例 Example

望月学习非常认真努力,就是不睡觉,也要做完作业。

❶ 碗明天再洗。

_____。

❷ 别的可以不买,烟一定要买。

_____。

❸ 玩儿完再吃。

_____。

❹ 明天有球赛,不能参加你们的婚礼了。

_____。

_____。   _____。

二、用所给的词或短语完成句子 Complete the sentences with the given words or expressions

1. A：有人说林老师特别厉害。
   B：_____。（谁说的）

2. A：你的东西这么便宜，是不是假的呀？
   B：_____。（谁说的）

3. _____，可是并不凉快。（虽说）

4. _____，他给我留下的印象却很深。（虽说）

5. 不同年龄的人对服装颜色的选择也不同，老年人常穿灰的、黑的、咖啡色的，_____。（而）

6. 老董最不喜欢看电视剧了，_____。（而）

三、用所给的词语改写句子 Rewrite the sentences with the given words

1. 周先生不经常喝酒。（不怎么）
   ⇨ _____。

2. 李钟文不太喜欢打篮球。（不怎么）
   ⇨ _____。

3. 我们宿舍里的洗衣机不太好用。（不怎么）
   ⇨ _____。

4. 这个电视剧我只看了两次。（没怎么）
   ⇨ _____。

5. 这次考试以前我复习的时间很少。（没怎么）
   ⇨ _____。

6. 就是一个人，我也要去。（反正）
   ⇨ _____。

7. 我不知道他是哪个班的，肯定不是我们班的。（反正）
   ⇨ _____。

8. 我今天要去书店，帮你买一本吧。（反正）
   ⇨ _____。

9. 没有空调的房间比有空调的房间贵。（却）
   ⇨ _____。

10. 同样的衣服小商店卖五十块钱，大商场卖一百块钱。（而）
    ⇨ _____。

四、根据所给提示用"反正"完成对话 Complete each dialogue using "反正" according to the clue

1. A：这两条路都能到，咱们走哪条？
   B：_____。（我不认识路）

2. A：你们怎么还在这儿聊天儿呀？
   B：_____。（回家没什么事）

3. A：黄勇要是不来，这个会还开吗？
   B：_____。（今天一定得开）

4. A：昨天学校演电影，我没看成，真可惜。
   B：_____。（那个电影没意思）

五、选词填空　Fill in the blanks with the right words

| 而　却　倒　轻松　放松 |

1. 虽然天天见面，他们_____从来没说过话。
2. 这家餐厅里灯光柔和，还播放着_____的音乐，环境不错。
3. 写了一下午作业了，出去走走吧，_____一下。
4. 我_____不是觉得样子不好，我是觉得价钱太贵。
5. 李钟文来以前学过一点儿汉语，_____望月一点儿也没学过。
6. 第一次来的人都觉得很好，_____来过多次的人_____说没什么意思。

六、用本课的生词填空　Fill in the blanks with the new words in this lesson

1. 这双鞋的_____真难看。
2. 你知道了故事的开始，可是你猜不到_____。
3. 你敢不敢跟我_____？谁_____谁请客。
4. 这是现在最_____的歌，无论是大人还是小孩儿都会唱。
5. 比赛前，谁都没想到_____是这样的。
6. 我觉得学好汉语的_____是多说多练。
7. 这件事情的_____还没弄清楚，所以有些话现在还不能说。

8. 这部电影说的是一个＿＿＿＿＿＿的爱情故事。

9. 王老师，您能给我＿＿＿＿＿＿几本好书吗？

10. 有时候孩子的一些要求，父母很难＿＿＿＿＿＿。

会话 DIALOGUE

根据下边的提示对话 Make a dialogue according to the given information

足球	乒乓球
很多人一起玩儿 一般在室外 球场很大 女的很少踢足球 老人很少踢 ……	一般两个人玩儿 一般在室内 球台不大 男的、女的都玩儿 老人、孩子也玩儿 ……

第16课 理想的职业

生词 NEW WORDS

1	理想	lǐxiǎng	形/名	ideal; ideality
2	职业	zhíyè	名	profession
3	报社	bàoshè	名	newspaper office
4	记者	jìzhě	名	journalist
5	失业	shī yè		to be out of work
6	辞职	cí zhí		to resign
7	羡慕	xiànmù	动	to admire
8	难道	nándào	副	*used to give force to a rhetorical question*
9	人各有志	rén gè yǒu zhì		Different people have different dreams.
10	看样子	kàn yàngzi		It seems…
11	经济	jīngjì	名	economy

12	答应	dāying	动	to agree
13	生意	shēngyi	名	business
14	收入	shōurù	名	income
15	不然	bùrán	连	or
16	愿意	yuànyì	动	to like
17	同事	tóngshì	名	colleague
18	领导	lǐngdǎo	名/动	leader; to lead
19	公布	gōngbù	动	to announce
20	项	xiàng	量	a measure word for itemized things
21	调查	diàochá	动/名	to investigate; investigation
22	尊敬	zūnjìng	动	to respect
23	顺序	shùnxù	名	order
24	科学家	kēxuéjiā	名	scientist
25	教授	jiàoshòu	名	professor
26	老百姓	lǎobǎixìng	名	ordinary people
27	知识	zhīshi	名	knowledge
28	实际	shíjì	名/形	reality; actual
29	认为	rènwéi	动	to think
30	多数	duōshù	名	majority

课文 TEXTS

1. 爱　珍：你以前是做什么工作的？

　　左　拉：我在一家报社工作，是一名记者。

　　爱　珍：你学习汉语是为了工作吗？

左　拉：可以说是吧，不过，现在我失业了，来中国之前辞的职。

爱　珍：当记者多好呀，有机会去很多地方，还能认识很多人，多让人羡慕啊。难道你还不满意？[1]

左　拉：人各有志。该我问你了，看样子你还是个大学生吧？[2]

爱　珍：不错，我是学经济的，明年毕业。

左　拉：毕业以后打算做什么工作？

爱　珍：一家公司已经答应要我了，是一家跟中国有生意关系的公司。

2　望　月：你觉得最理想的职业是什么？

李钟文：我觉得没有什么最理想的职业。职业好不好，关键要看两个方面。

望　月：你说具体点儿。

李钟文：工作就是为了生活，因此收入是最关键的，不然的话，[3] 再舒服的工作也不好。[4]

望　月：难道你愿意为了钱去做没意思的工作？

李钟文：工作有没有意思跟工作内容没什么关系。

望　月：哦？那你说说怎样才有意思。

李钟文：主要是工作环境，这就是我说的第二个方面，比如跟同事、领导的关系等等，当然还有自然环境。[5]

3　　　前天电视里公布了一项调查结果：中国现在最受尊敬的职业是哪些？按照顺序是：科学家、大学教授、教师、医生、记者……可见，在老百姓心里，"知识"很重要。[6]可是，人们实际选择职业的时候，"最受尊敬的职业"不一定是"最理想的职业"。一般人还是认为收入高是最重要的,所以大学毕业生在选择职业时,多数人不愿意当老师或大夫,他们更愿意到收入比较高的公司里去工作。

注释 NOTES

1 难道你还不满意?

"难道"用于反问句,加强反问语气。可以用在主语前边,也可以用在主语后边。句子末尾可以用"吗"。例如:

"难道" is used in a rhetorical question for emphasis. It can be put either before or after the subject. At the end of the sentence one can add "吗", e.g.,

① 办公室里不准抽烟,你难道不知道吗?
② 你怎么不去帮助他?他难道不是你的朋友?
③ 难道流行什么就一定要买什么吗?

2 看样子你还是个大学生吧?

"看样子",口语习惯用语,是"看情况"的意思,表示从某种可见的情况猜测、估计。常用于具体事情,"看"和"样子"之间可以插入其他成分。例如:

"看样子" is an expression used in spoken Chinese, meaning "看情况". It is used when making a guess or an estimation based on some situation that can be seen. It is often used to refer to a specific matter. Other elements can he added between "看" and "样子", e.g.,

① 天阴了,看样子要下雨。
② 这么晚了,看样子他不会回来了。
③ 他看样子有七十岁了。
④ 看他的样子好像一点儿也不着急。

3 收入是最关键的,不然的话,再舒服的工作也不好。

"不然"意思是"如果不这样",表示如果不出现前边提到的情况,就可能发生下边的事情。可以跟"的话"一起用。

"不然" means "如果不这样" (otherwise) indicating if the situation mentioned above does not arise, something to be mentioned below will be likely to happen. It can be used with "的话".

(1) 后边是另一种可能或可选择的情况。"不然"前边可以加"再"。例如:

Introducing another possibility or another choice. Before "不然" one can add "再", e.g.,

① 老王可能在办公室或者会客室,再不然就在洗手间。
② 报名的事你可以打个电话问问,不然你自己跑一趟也行。

(2) 后边是表示结果的句子。例如:

Introducing a sentence expressing a result, e.g.,

③ 赶快睡吧,不然明天早晨该起不来了。
④ 你告诉他吧,不然他要急死了。

4 再舒服的工作也不好。

"再 + 形容词(短语)+ ……也……",表示的意思是"无论多么……也……"。整个句子强调"也"后边的情况不变。例如:

"再 + adjective (adjectival phrase) + ……也……" means "无论多么……也……" (no matter how). The whole sentence emphasizes that the situation mentioned after "也" doesn't change, e.g.,

① 天气再热,我们也得上课。
② 他的歌再好听,我也不听。

"再+形容词（短语）"后边可有被修饰的名词。例如：
Nouns with modifier can go after "再 + adjective (adjectival phrase)", e.g.,

③ 再多的生词我也能记住。
④ 老董最近胃不舒服，再好吃的东西也吃不下去。

5 当然还有自然环境。

"当然"，插入语，表示对上文加以补充。可以省略。例如：
"当然", a parenthesis, is used when adding something to what was said before. It can be omitted, e.g.,

① 学习汉语一定要写汉字、背生词，当然练习说话也很重要。
② 吃饺子应该有醋，当然再加点儿辣椒就更好了。
③ 现在大部分商店的服务态度都不错，当然还有些地方让人不太满意。
④ 明天的球赛你最好参加，当然你不参加我们一样可以比赛。

6 可见，在老百姓心里，"知识"很重要。

"可见"多用于承接上文，表示根据前边所说的情况可以得出下边的结论。例如：
"可见" is often used to connect the preceding text, meaning what was said before can lead to the following conclusion, e.g.,

① 刚学的生词就忘了，可见你没认真学。
② 老师讲一遍就懂了，而且能记住，可见他很聪明。
③ 这个牌子的冰箱一上市就卖完了，可见很受大家欢迎。

练习 EXERCISES

一、用"看样子"介绍下边这三个人 Describe the three people in the picture using "看样子"

二、看图完成对话 Complete the dialogues according to the pictures

（老董一家逛商场）

爱人：你看，这件衣服好看不好看？

老董：好看是好看，就是_____。

爱人：只要好看就行，再_____也_____。

老董：这种烟_____。

小明：我们老师说了，抽烟对身体不好，所以再_____也_____。

爱人：对，今天说什么也不给他买！小明，你想要什么？

小明：我想买一套乐高玩具，听说这种特别好玩儿，我_____。

老董：不行！你看你现在_____，再_____也_____。

三、根据提示用"不然"完成对话 Complete each dialogue according to the clue using "不然"

1. A：你怎么这么早就睡了？
   B：_____。（明天早晨7:00去机场）

2. A：小张，明天我们去颐和园，你去吗？
   B：_____。（去，但是小王也一定得去）

3. A：咱们怎么去？
   B：_____。（坐出租车不会迟到）

4. A：小明现在怎么不来玩儿游戏了？
   B：_____。（父母生气，父母不让）

四、选词填空 Fill in the blanks with the right words

以为 认为 回答 答应 可见 因此

1. 今天的作业里有好几个问题都不好_____。
2. 我原来_____他还没结婚，谁知孩子已经三岁了。
3. 电影还没演完，就有不少人走了，_____这部电影不怎么好看。
4. 王老师_____明天跟同学们一起去香山玩儿。
5. 同学们都_____这部电影不错，就是声音不太清楚。
6. 我们班大多数人都去过故宫，_____我们决定不去参观故宫，去看看自然博物馆和天坛。

五、用括号中的词语完成句子 Complete the sentences with the words in the brackets

1. 故宫是中国最有名的古迹之一，_____。（当然）
2. 那家饭店的服务态度越来越好，_____。（当然）

3. 这是昨天刚学的，_____？（难道）

4. 别说了，他连父母的话都不听，_____？（难道）

5. _____，只要自己努力，你也能成功。（羡慕）

6. 逛商场时，会看到各种各样的新产品，可是，如果对自己没什么用，_____。（再……也……）

7. 孩子小的时候，父母一定要好好教育他们，_____。（不然）

8. 连这么容易的句子都说错了，_____。（可见）

六、用本课的生词填空　Fill in the blanks with the new words in this lesson

1. 比赛结束后，他没有回答_____的问题就走了。

2. 前几年他们国家的经济状况不太好，_____的人很多。

3. 他不喜欢现在的工作，可是他也不想_____，因为现在工作不好找。

4. 在这次奥林匹克运动会上，我们国家的成绩不太_____。

5. 在一些国家，演员、运动员的_____是最高的。

6. 谁都不_____做又累又麻烦、收入也低的工作。

7. 这件事并不简单，得好好_____一下。

8. 虽然他现在已经成为名人了，但他还是非常_____他的老师。

9. 报纸上说的跟我们了解的_____情况一点儿也不一样。

10. 在那个时候，大_____人都不相信地球是圆的。

会话 DIALOGUE

根据下边的材料对话 Make a dialogue according to the given information

（周明四年前从大学毕业）

他的家不在北京。 在中学里工作得不错，可是两年后他辞职了。 一年里他换了好几家小公司。 后来，他在一家比较大的公司里工作了一年。 现在，这家公司对他不满意。他又辞职了。	→在北京一所中学当老师。 →他觉得教师工作…… →（小，累，难……） →工作内容，工作环境都不太理想；收入还可以。 →他觉得他不太适合在公司工作。

他想找个理想工作，你能帮助他吗？

第17课 业余爱好

生词 NEW WORDS

1	爱好	àihào	动/名	to be fond of; hobby
2	节目	jiémù	名	program
3	谈不上	tàn bu shàng		far from being
4	闲	xián	形	free
5	假日	jiàrì	名	holiday
6	世界	shìjiè	名	world
7	各	gè	代	each
8	集邮	jí yóu		to collect stamps
9	套	tào	量	set (a measure word)
10	精美	jīngměi	形	beautiful
11	收藏	shōucáng	动	to collect
12	本	běn	代	native, one's own

13	人物	rénwù	名	people
14	动物	dòngwù	名	animal
15	增长	zēngzhǎng	动	to increase
16	存（钱）	cún (qián)	动	to save
17	划算	huásuàn	动	to be to one's profit or benefit
18	由于	yóuyú	连	because
19	节奏	jiézòu	名	rhythm, tempo
20	压力	yālì	名	pressure
21	五花八门	wǔ huā bā mén	连	all sorts of
22	于是	yúshì	连	so
23	聊天儿	liáo tiānr		to chat
24	失望	shīwàng	动	to be disappointed

课文 TEXTS

1　李钟文：汤姆，你都有什么爱好？

　　汤　姆：我除了爱看足球比赛以外，没什么别的爱好。

　　李钟文：原来你是个球迷，怪不得你总是看足球节目。

　　汤　姆：难道你不爱看足球比赛吗？

　　李钟文：爱看谈不上，闲着没事的时候也看看。[1]

　　汤　姆：那你的爱好是什么？

　　李钟文：我最大的爱好是在假日去旅行，只要有钱、有时间，我就要去旅行。

　　汤　姆：我要是有钱、有时间的话，我就去世界各地看足球比赛！

2 爱 珍：智子，你是什么时候迷上集邮的？

望 月：八岁生日的时候，爸爸送我一套精美的邮票。从那时起，我就开始集邮了。[2]

爱 珍：那你集邮已经十几年了，一定收藏了很多邮票吧？

望 月：那还用说！本国的，外国的；人物的，花草动物的……各种各样的都有。

爱 珍：你为什么会迷上集邮呢？

望 月：集邮能让人心情愉快。除此以外，集邮还能让人增长知识。[3]你不觉得集邮很有意思吗？

爱 珍：有意思是有意思，只是我觉得花钱太多了。

望 月：这话你只说对了一半。集邮跟存钱是一样的，而且比存钱更划算。

3 　　由于现代社会的节奏很快，人们生活和工作的压力很大。[4]为了帮助自己放松精神，人们就用五花八门的业余爱好，来让身心得到休息。于是就有了各种各样的"迷"[5]。飞龙他们班就有一个篮球迷。他的房间里贴满了篮球明星的照片。他跟别人聊天儿的时候，除了篮球还是篮球。[6]如果别人对篮球不感兴趣，他就会觉得很失望。

注释 NOTES

1 爱看谈不上，闲着没事的时候也看看。

"谈不上"意思是没有达到某种水平或程度。表示某种水平程度的词语，可以做"谈不上"的主语或宾语。例如：

"谈不上" means "not reaching a level or a degree." The word or phrase indicating the level or degree can be used as the subject or object of "谈不上", e.g.,

① 天才谈不上，他就是脑子比较快。
② 这套房子豪华谈不上，不过住着的确很舒服。
③ 我经常看足球比赛，不过谈不上是个球迷。
④ 这个牌子的产品，价格谈不上便宜，质量也谈不上最好。

2 从那时起，我就开始集邮了。

"从……起"表示从某一时间或方位开始。后边可以用"到"。例如：

"从……起" means "from one time or a place." After it one can put "到", e.g.,

① 从1990年起，他一直住在北京。
② 从明天起，李钟文要锻炼身体了。
③ 这座楼从三层起到十层，都租出去了。
④ 从这儿起再往前，路就不太好走了。

3 除此以外，集邮还能让人增长知识。

"除此以外"意思是除了前边说的情况或事物以外，也可以说成"除此之外""此外"。例如：

"除此之外" means "besides the things or situations mentioned before." It can be replaced by "除此之外" or "此外", e.g.,

① 爷爷特别爱下象棋，除此以外，他没有别的爱好。
② 安娜的英语、法语都很好，除此之外，她还会说一点儿日语。
③ 爱珍喜欢唱京剧，此外，她对相声也很感兴趣。

4 由于现代社会的节奏很快，人们生活和工作的压力很大。

"由于"表示原因。

"由于" is used to express a reason.

（1）做状语，"由于"引导的成分可以在主语前，可以在主语后。例如：

The element introduced by "由于" functions as an adverbial and can be put either before or after the subject, e.g.,

① 我们的旅行计划由于各种原因，不得不改变。
② 由于工作关系，老王要去一趟云南。

（2）用在前一个句子，后一个句子开头可以用"所以""因此""因而"与它相呼应。例如：

"由于" is used in the first clause and the second clause can begin with "所以"，"因此"，"因而"，e.g.,

③ 由于得到了专家的帮助，所以我们的研究工作进行得很顺利。
④ 由于大家的意见不一致，因此问题总也得不到解决。

（3）用在句子后一部分时，常用"是由于……"的格式。例如：

When "由于" is used in the latter part of the sentence, the structure often used is "是由于……"，e.g.,

⑤ 他今天没上课是由于他生病了。
⑥ 汉语越来越热是由于中国在世界上的地位越来越重要。

5 于是就有了各种各样的"迷"。

"于是"用于承接复句，表示后边的情况接着前边的情况发生，后边的情况是前边的情况引起的。常用在主语前，也可以用在主语后。例如：

"于是" is used in compound sentences indicating succession. It means that the situation to be mentioned later follows the one mentioned before; and the situation to be mentioned later is caused by the one mentioned before. "于是" is often put before the subject, and can be put after the subject as well, e.g.,

① 小明考试没考好，很难过，于是妈妈决定星期天带他去动物园放松一下。
② 大家这么一鼓励，飞龙于是又有了信心。
③ 他认为那个工作不理想，于是没接受。

6 他跟别人聊天儿的时候，除了篮球还是篮球。

"除了A还是A"，表示只有"A"这么一种情况或事物，没有变化，显得单调。例如：

"除了A还是A" means that A is the only case without any change, which is very dull and boring, e.g.,

① 一天到晚除了学习还是学习，你也不出去玩儿玩儿。
② 吃完晚饭，老董除了看报纸还是看报纸，别的什么也不干。
③ 我现在的感觉是除了热还是热，真想来一大杯冰激凌。

练习 EXERCISES

一、看图讨论为什么这儿的车开得特别慢。试试用上"由于""除此以外"等词语 Discuss the reason of the traffic jam in the picture. Try to use "由于", "除此以外", etc.

二、完成句子（注意本课所学词语的用法） Complete the following sentences (pay attention to the usage of the words and expressions learned in this lesson)

1. 他虽然没听懂，可是看见大家都笑了，_____。（于是）
2. _____，他的视力一天不如一天。（由于）
3. _____，不过闲着的时候也玩儿玩儿。（谈不上）
4. _____，他每天下午都去校园散散步。（从……起）
5. _____，于是他也买了一本。
6. _____，是由于现在的环境越来越差。

7. _____，根本谈不上拿手。

8. 从第一次看见她起，_____。

三、完成对话 Complete the dialogues

1. A：_____（熟悉）？
   B：那还用问吗？_____（同屋）。
   A：听说_____（京剧）。是吗？
   B：那还用说！她来学汉语就是由于_____。
   A：那你问问她，结业晚会上，_____吗？
   B：_____！

2. A：听说_____（电脑迷），是真的吗？
   B：迷谈不上，不过，_____。
   A：我听老王他们说，你现在对电脑很精通（jīngtōng, to be proficient in）。
   B：精通_____，只是_____（感兴趣）。
   A：你太谦虚了，我有个问题要向你请教（qǐngjiào, to ask for advice）。
   B：_____，如果我知道，我_____。

3. A：请问，你是从什么时候起对中国问题感兴趣的？
   B：_____（15岁，爸爸……），从那时起，我就_____。
   A：现在的中国给你的印象怎么样？
   B：我1985年来中国，从那时起，_____。

四、用"除此以外""除了……还是……"完成句子 Complete the sentences using "除此以外" or "除了……还是……"

1. 刚到这儿的时候，我谁也不认识，也没有一个朋友，所以每天 _____。

2. 那个地方只有一个寺庙，_____。

3. 老董对中国历史很有研究，_____。

4. 这本书有汉语拼音，不太难，_____。

5. 他的家真像个小图书馆，_____。

五、用本课的生词填空 Fill in the blanks with the new words in this lesson

1. 老董从小就 _____ 京剧，不过 _____ 是个戏迷。

2. 我们学校很大，学生来自全国 _____ 地。

3. 她在一家公司工作，有的时候很忙，有时很 _____。

4. 我们班望月喜欢 _____，她 _____ 的邮票可多了。

5. 很多中国菜做得就像 _____ 的艺术品。

6. 她随着乐曲的 _____ 跳起舞来。

7. 这个电影里的主要 _____ 都是有名的演员演的。

8. 飞龙昨天上网跟朋友 _____ 了一夜 _____，今天很困。

会话 DIALOGUE

根据下边的材料对话　Make a dialogue according to the given information

1. 　　每次出去参观、游览的时候，爱珍都把门票收藏起来。要是别的同学出去玩儿，爱珍也总是从他们那儿把门票要来。原来爱珍爱好收藏各种门票。现在她有世界各地的精美门票。

2. 　　羽毛球是印度尼西亚的国球。林福民喜欢看，也喜欢打羽毛球。来中国以后，只要不出去旅游，他每天都要打一个小时。而且通过打羽毛球，他还交了两个中国朋友，练习了汉语。

第18课 中国家庭

生词 NEW WORDS

1	家庭	jiātíng	名	family
2	嗬	hē	叹	oh
3	全家福	quánjiāfú	名	a photograph of the whole family
4	长	zhǎng	动	to look, to grow
5	像	xiàng	动	to resemble
6	几乎	jīhū	副	almost
7	根本	gēnběn	副	at all
8	认	rèn	动	to recognize
9	去世	qùshì	动	to pass away
10	唯一	wéiyī	形	only
11	做主	zuò zhǔ		to decide

12	互相	hùxiāng	副	each other
13	拿主意	ná zhúyi		to make a decision
14	注意	zhùyì	动	to pay attention to
15	平常	píngcháng	名/形	as usual; ordinary
16	假如	jiǎrú	连	if
17	幸福	xìngfú	形	happy
18	否则	fǒuzé	连	or
19	人口	rénkǒu	名	number of people in a family, population
20	照顾	zhàogù	动	to take care of
21	然而	rán'ér	连	but
22	方面	fāngmiàn	名	side
23	另	lìng	代	other
24	同	tóng	形	same
25	矛盾	máodùn	名/形	contradiction; conflicting
26	逐渐	zhújiàn	副	gradually
27	减少	jiǎnshǎo	动	to decrease
28	增多	zēngduō	动	to increase

课文 TEXTS

1 飞　龙：嚄！照片上这么多人，都是你们家的人吗？

　　李钟文：那可不，这是我们家的全家福。

　　飞　龙：这个人是你爱人吗？

　　李钟文：哪儿啊，这是我叔叔的爱人。这是十年前照的照片，旁边是我叔叔。

飞　龙：你跟你叔叔长得太像了，几乎完全一样。[1]那你在哪儿啊？

李钟文：这个是我。那时我还是个中学生。

飞　龙：不像，一点儿也不像！要是你不告诉我的话，我根本认不出来。[2] [3]你身边的这位老人一定是你奶奶吧？

李钟文：对。就在那年冬天，她去世了。这是我们家唯一的一张全家福。

飞　龙：哦，对不起。

2　左　拉：我问你件事儿，行吗？

李钟文：什么事儿呀？

左　拉：在你们家谁做主？

李钟文：你是想知道我跟我爱人谁听谁的，对吧？跟你说吧，我们有事都是互相商量。

左　拉：那商量的时候，常常是谁拿主意呢？

李钟文：这还真没注意过，可能是我爱人拿主意的时候多吧。在你们家呢？

左　拉：我们家平常主要是我妈妈做主，有大事的时候大家一起商量。

李钟文：我认为假如所有的丈夫都能听妻子的，那家家都会幸福快乐，[4]否则就会有麻烦。[5]你同意吗？

3　　　以前，中国的家庭人口很多，总是热热闹闹的，大家互相关心、互相照顾。有好吃的，大家一起吃；假如有困难的话，大家就一起来帮忙。可以说没有解决不了的问题。然而这只是一方面，[6]另一方面，[7]大家庭里人多，各人的想法、爱好都不同，所以矛盾也很多。

现在人们的生活节奏越来越快，人们的思想、生活态度变化也很大。大家庭逐渐减少，小家庭逐渐增多，特别是在大城市里，几乎都是两口人或三口人的小家庭。

注释 NOTES

1 你跟你叔叔长得太像了，几乎完全一样。

"几乎"表示非常接近某个数量或某种程度，是"差不多"的意思。"几乎"后边常有"都""全""完全""遍"等词语一起出现。例如：

"几乎" means very close to a quantity or degree. It is equivalent to "差不多". After "几乎" one often uses "都"，"全"，"完全"，"遍"，etc., e.g.,

① 我们学校几乎每个人都认识飞龙。
② 奶奶的头发几乎全白了。
③ 几乎查遍了所有的字典也没找到这个字。
④ 汤姆几乎比李钟文高一头。

2 我根本认不出来。

这里的"根本"是副词，意思是"完全""始终""从头到尾"，常用于否定句。例如：

Here "根本" is an adverb, meaning "完全" (at all), "始终" or "从头到尾" (from the beginning to the end). It is often used in a negative sentence, e.g.,

① 你说什么呀？我根本不明白。
② 我劝了他半天，可是他根本不听。

3 我根本认不出来。

"认不出来"中的"出来"是趋向补语的引申用法。

In the structure "认不出来", "出来" is used as a complement of direction in an extended sense.

（1）表示某种情况或事物（原来就有的）随着动作的进行从不明显到明显。例如：

It indicates that some situation or something changes from indistinction to distinctness with the progression of an action, e.g.,

① 那个字我查出来了，念"diāo"（叼）。
② 谁也看不出来这张画儿画的是什么。
③ 老师说了五个谜语，望月猜出来三个。

（2）某种情况或事物（原来没有的）随着动作的进行从没有到有。例如：

It indicates that some situation or something changes from inexistence to existence with the progression of an action, e.g.,

④ 晚饭我都做出来了，吃完了再走吧。
⑤ 下星期要开汉语演讲会，请同学们星期五以前把演讲稿写出来。
⑥ 这些问题你答得出来吗？

4 假如所有的丈夫都能听妻子的，那家家都会幸福快乐。

"假如"用于假设复句，意思是"如果"。例如：

"假如" is used in hypothetical compound sentences, meaning "如果" (if), e.g.,

① 假如你能想出更好的办法，我们就听你的。
② 假如你不愿意听大家的意见就得不到大家的支持。
③ 假如他不接受你的道歉，就是他的不对了。

5　……否则就会有麻烦。

"否则"表示对前边说过的情况做假设的否定，有"如果不是这样""不然""要不"的意思。可以跟"的话"一起用。例如：

"否则" shows a hypothetical negation of something mentioned before. It means "如果不是这样"，"不然"，"要不" (if not, otherwise). It can be used with "的话"，e.g.,

① 学过的生词要经常复习，否则很快就会忘掉。
② 他一定有急事，否则不会接连打来三个电话。
③ 看样子他不同意，否则的话，为什么他一句话也不说？

6　然而这只是一方面……

"然而"意思是"但是"，用于书面语。例如：

"然而" is equivalent to "但是". It is used in written Chinese，e.g.,

① 试验失败了很多次，然而他们并没有失去信心。
② 工作很累，条件也很差，然而大家都很开心。

7　然而这只是一方面，另一方面……

"一方面……，（另）一方面……"，用于并列复句，表示两种或两种以上的做法、原因或目的、条件或结果同时存在。例如：

"一方面……，（另）一方面……" is used in coordinate compound sentence. It means that two or more ways (of doing things), reasons or aims, conditions or results exist at the same time, e.g.,

① 老师一方面肯定了同学们的成绩，一方面指出了大家的不足。
② 一方面由于土质的原因，另一方面由于气候的原因，不同地区出产的苹果味道不同。
③ 大家一方面要努力学习，一方面要注意锻炼身体。

练习 EXERCISES

一、看图，根据提示说说图中人物是怎么想的 Talk about what each of the people in the picture is thinking about according to the clue

"假如现在有了10万块钱……"

老王

老王的爱人

老王的儿子

老董

老董的爱人

老董的儿子

二、用"一方面……，另一方面……"完成对话 Complete the dialogues using "一方面……，另一方面……"

1. A：你能说说你为什么来中国吗？
   B：＿＿＿＿＿＿＿＿＿＿＿＿＿＿＿＿＿＿＿＿＿＿＿＿＿＿

2. A：老王为什么看起来不高兴？
   B：＿＿＿＿＿＿＿＿＿＿＿＿＿＿＿＿＿＿＿＿＿＿＿＿＿＿

3. A：好像大家都喜欢去那个饭馆儿吃饭，怎么回事？
   B：＿＿＿＿＿＿＿＿＿＿＿＿＿＿＿＿＿＿＿＿＿＿＿＿＿＿

4. A：你为什么学汉语？
   B：＿＿＿＿＿＿＿＿＿＿＿＿＿＿＿＿＿＿＿＿＿＿＿＿＿＿

5. A：你说他为什么不住有空调的房间？
   B：＿＿＿＿＿＿＿＿＿＿＿＿＿＿＿＿＿＿＿＿＿＿＿＿＿＿

三、用括号中的词语改写句子 Rewrite the sentences using the words in the brackets

1. 你必须努力学习，不然的话就考不上大学。　　　　　（否则）
   ⇨＿＿＿＿＿＿＿＿＿＿＿＿＿＿＿＿＿＿＿＿＿＿＿＿。

2. 有借书证才能从图书馆借书，没有的话，不能借书。（否则）
   ⇨＿＿＿＿＿＿＿＿＿＿＿＿＿＿＿＿＿＿＿＿＿＿＿＿。

3. 有医生的处方才能买药，没医生的处方不能随便买药。（否则）
   ⇨＿＿＿＿＿＿＿＿＿＿＿＿＿＿＿＿＿＿＿＿＿＿＿＿。

4. 学生有事不能上课，应该向老师请假。　　　　　　　（假如）
   ⇨＿＿＿＿＿＿＿＿＿＿＿＿＿＿＿＿＿＿＿＿＿＿＿＿。

5. 我要是没有记错的话，左拉是意大利人。　　　　　　　（假如）

⇨ _____。

6. 可惜黄勇个子不够高，不然就当篮球运动员了。　　　（假如）

⇨ _____。

四、用括号中的词语完成句子　Complete the sentences using the words in the brackets

1. A：昨天参加婚礼的人多吗？

   B：_____。　　　　　　　　　　　　　（几乎）

2. A：你怎么这么早就睡了？

   B：昨天晚上我们去唱歌，_____。　　（几乎）

3. A：昨天请客点了那么多菜，剩下没有？

   B：_____。　　　　　　　　　　　　　（几乎）

4. 左拉从来没去过内蒙古，_____。　　　（根本）

5. 望月学习的时候非常专心，_____。　　（根本）

6. 这只是一种营养食品，不是药，_____。（根本）

7. 李钟文打网球的技术并不高，_____。　（然而）

8. 虽然我们在一起的时间不长，_____。　（然而）

五、选词填空　Fill in the blanks with the right given phrases

| 认出来　　看出来　　想出来　　听出来　　做出来　　拿出来 |

1. 我_____了，这张画儿上画的是几条鱼。

2. 老董的爱人打扮得几乎连老董都_____不_____了。

3. 那天在香山照的照片都_____了，你找找吧。

4. 这个裁缝店的生意特别好，活儿比较多；所以慢一点儿，一般一个月才能_____。

5. 有的人方言（fāngyán, dialect）很重，一说话，别人就能_____他是哪儿的人。

6. 别着急，一定能_____好办法_____。

六、用本课的生词填空 Fill in the blanks with the new words in this lesson

1. 你看这孩子吃得满脸都是奶油和巧克力，看起来_____只花猫。

2. 几年不见，小明已经_____大了。

3. 他们家有六个孩子，她是_____的女儿。

4. 那家商店电视机打八折，今天是最后一天了，买不买，快点儿_____。

5. 你们公司买汽车的事谁_____啊？

6. 这两个孩子一见面就_____看着对方，谁也不说话。

7. 这件衣服的款式太_____了，没有特点。

8. 奶奶年纪大了，需要人_____，黄勇就搬到奶奶那儿去了。

9. 我们班有两个老师，一个姓周，_____一个姓张。

10. 左拉跟同屋相处得很好，一点儿_____也没有。

11. 飞龙_____习惯了这儿的生活。

12. 小刘说最近忙得连理发的时间都没有了，他跟女朋友约会的次数不但没有_____，反而_____了。

会话 DIALOGUE

根据提示，向你的朋友介绍这两个中国家庭 Give a description of the two Chinese families according to the given information

张英一家

- 张英家有四口人：爸爸、妈妈、哥哥和张英。
- 张英的哥哥结婚了，有自己的家，不跟父母住在一起。
- 张英的哥哥脾气非常好，所以家里的事一般都是他拿主意。不过要是有大事，还是大家一起商量。
- 张英长得既像爸爸又像妈妈，非常漂亮。
- 上个周末，张英他们全家照了一张全家福。

老董一家

- 老董一家有三口人：他、他爱人、儿子小明。
- 老董的爱人很能干，家里的家务差不多都是她一个人做，而老董几乎从来不做。
- 小明学习不错，放学回家还帮着做点儿家务，所以父母都很喜欢他。
- 在家里，老董听他爱人的，他爱人听孩子的，孩子听老董的。你说有没有意思？
- 不过，他们一家生活得很幸福。

第19课 看望病人

生词 NEW WORDS

1	看望	kànwàng	动	to visit
2	胳膊	gēbo	名	arm
3	倒霉	dǎoméi	形	unlucky
4	透	tòu	形	extremely
5	楼道	lóudào	名	corridor
6	摔跤	shuāi jiāo		to fall down
7	断	duàn	动	to break
8	严重	yánzhòng	形	serious
9	要紧	yàojǐn	形	important, urgent
10	养	yǎng	动	to nurse (one's wounds)
11	伤	shāng	名/动	wound; to hurt

12	小说	xiǎoshuō	名	novel
13	代表	dàibiǎo	动/名	to represent; representative
14	开（药）	kāi (yào)	动	to write out (a prescription)
15	复杂	fùzá	形	complicated
16	服	fú	动	to have (medicine)
17	寂寞	jìmò	形	lonely
18	交	jiāo	动	to make (friends)
19	收获	shōuhuò	名/动	gains; to harvest
20	爱惜	àixī	动	to cherish
21	咳嗽	késou	动	to cough
22	鼻涕	bítì	名	nasal mucus, snot
23	丸	wán	名	pill
24	甚至	shènzhì	副	even
25	治	zhì	动	to cure
26	副作用	fùzuòyòng	名	side effect

课文 TEXTS

1 爱　珍：汤姆，你的胳膊怎么了？

汤　姆：真是倒霉透了！[1]昨天晚上回去，楼道里的灯坏了，结果爬楼梯时摔了一跤，[2]把胳膊摔断了。

爱　珍：今天上课时听说你住院了，我还以为是发烧、拉肚子什么的，没想到这么严重。现在觉得怎么样？

汤　姆：真疼啊，除了疼还是疼。

爱　珍：大夫怎么说？得住院多长时间？

汤　姆：大夫说不要紧，住一两个星期就能出院了。

爱　珍：你好好养伤，可别着急。[3]明天我给你拿几本小说来。

汤　姆：多谢。别忘了把课本也给我带来。

2　望　月：汤姆，我们代表全班同学来看望你。这是同学们给你买的水果和鲜花。

汤　姆：谢谢，谢谢！其实再过两天我就可以出院了。

望　月：怎么样？现在还疼吗？

汤　姆：好多了，不像开始几天那么疼了。

望　月：大夫都给你开了些什么药？

汤　姆：这药可复杂了。有内服的，有外用的；有中药，也有西药；有的要饭后服，有的要睡前服。

望　月：真够麻烦的。你每天除了吃药就是休息，不寂寞吗？[4]

汤　姆：还行，精神好的时候看看小说，念念生词。对了，我还交了几个护士朋友。她们对我很关心，陪我聊天儿，教我汉语。

望　月：真没想到，你在医院里收获也这么大。

3　　　有些中国人看病吃药的方法让飞龙弄不明白。一方面，中国人好像非常爱惜自己的身体，一咳嗽、流鼻涕什么的就吃药，不管是中药还是西药，也不管是药水、药片还是药丸，是药就吃。[5]但另一方面，他们又好像一点儿也不爱惜自己。知道自己生病了，甚至知道病很严重，[6]不是去医院找大夫，而是自己去药店买药，[7]根本不管买的药能不能治自己的病，也不怕对身体有副作用。这种情况让他感到很难理解。

注释 NOTES

1 真是倒霉透了!

"透了"表示程度深,有"极了"的意思。用在形容词、动词后边,一般表示贬义。例如:

"透了" means the degree is high and is equivalent to "极了" (extremely). It is used after adjectives or verbs usually with a derogatory sense, e.g.,

① 事情真是糟透了,我把护照弄丢了。
② 这种骗人的行为我恨透了。
③ 昨天碰见的那个人不讲理透了。

2 楼道里的灯坏了,结果爬楼梯时摔了一跤……

"结果"表示某个情况最终引起了另一情况发生。用在后一小句最前边。例如:

"结果" indicates one situation has finally resulted in the happening of the other. It is put at the very beginning of the last clause, e.g.,

① 他跟女朋友吵了架,又不肯去道歉,结果他们分手了。
② 路上堵车,出租车开得很慢,结果我们没赶上火车。

3 你好好养伤,可别着急。

副词"可"在口语中常用,起加强语气作用。

"可", an adverb, is often used as an emphasis in spoken Chinese.

(1) 用于陈述句,"可+动词""可+不/别/没+动词""可+不+形容词"。例如:

In declarative sentences. It can be used in the following forms: "可 + verb", "可 + 不/别/没 + verb" or "可 + 不 + adjective", e.g.,

① 我可知道老董的脾气,要做什么就一定要做好。
② 这种地方我可不去。

③ 你可别后悔。
④ 我可没做过这种事。
⑤ 这件事可不简单。

（2）用在反问句前边。例如：
Before rhetorical questions, e.g.,

⑥ 北京这么大，只知道名字，但没有地址，可到哪儿去找啊？
⑦ 这么多东西，一个孩子可怎么搬得动呢？

（3）用于祈使句，"可+要／应该／不能"。例如：
In imperative sentences. The structure is "可+要／应该／不能", e.g.,

⑧ 你可要好好休息，按时吃药。
⑨ 这个展览，你可应该去看看。
⑩ 你可不能忘了老朋友。

（4）用于感叹句，"可……了／呢／啊"。例如：
In exclamatory sentences. The structure is "可……了／呢／啊", e.g.,

⑪ 安娜汉语说得可流利了！
⑫ 今天的鱼可新鲜呢！
⑬ 学汉语可真不容易啊！

4 你每天除了吃药就是休息，不寂寞吗？

"除了……就是……"表示总是交替地做两件事，或两种情况交替出现，有"缺少变化""单调"的意思。例如：

"除了……就是……" indicates always doing two things in turn, or two situations appear alternately. It means "缺少变化", "单调" (the situation lacks changes and is very dull), e.g.,

① 这几天天气糟透了，除了刮（guā, to blow）风就是下雨。
② 每天下午，我除了上课就是去图书馆，一般不出去。

5 是药就吃。

"是……就……"意思是"只要是……就……"。"是"后边一般不是一个表示具体的人或物的名词，应该是表示某一类人或物的名词。例如：

"是……就……" means "只要是……就……" (as long as). The noun put after "是" usually does not refer to a specific person or thing. It is a generic noun of person or thing, e.g.,

① 现在在北京好像是个饭馆儿就能吃到四川菜。
② 羊肉、牛肉、鸡肉、鱼肉……他是肉就吃。
③ 在我们那儿，是个人就会唱歌。

6 知道自己生病了，甚至知道病很严重……

"甚至"在说明某一事实时，强调突出的事例，说明即使在这种情况下也不例外。后边常有"也""都"。例如：

"甚至" is used to emphasize an outstanding case in order to explain something. It indicates there is no exception even under such a circumstance. After it one often uses "也", "都", e.g.,

① 这首歌很流行，年轻人会唱，孩子们会唱，甚至老人也会唱。
② 经过长时间的甚至是痛苦的训练，才可能成为一个体育明星。
③ 老王讲的笑话可笑极了，望月甚至笑出了眼泪。

7 不是去医院找大夫，而是自己去药店买药……

"不是……而是……"，用于并列复句。例如：

"不是……而是……" is used in a coordinate compound sentence, e.g.,

① 他每天不是想着怎么学习，而是想着怎么玩儿。
② 弟弟摔倒了，哥哥不是赶快过去扶他起来，而是站在旁边笑。
③ 好成绩不是从天上掉下来的，而是努力学习得到的。
④ 他不是不知道，而是不想告诉我们。

练习 EXERCISES

一、看图说话（用上"结果"） Talk about the pictures using "结果"

_____ 。

_____ 。

_____ 。

_____。

二、用括号中的词语改写句子　Rewrite the sentences with the words in the brackets

1. 妹妹什么流行歌曲都喜欢。　　　　　　　　　　（是……就……）

   ⇨ _____。

2. 我们学校的学生都听过这个故事。　　　　　　　（是……就……）

   ⇨ _____。

3. 广东人好像所有的动物都敢吃。　　　　　　　　（是……就……）

   ⇨ _____。

4. 我根本没说过不喜欢跟你一起去。　　　　　　　　　　　（可）

   ⇨ _____。

5. 爱珍非常会做中国菜。　　　　　　　　　　　　　　　　（可）

   ⇨ _____。

6. 汽车走到半路没油了,去哪儿找加油站呀?　　　　　　　（可）

   ⇨ _____。

7. 我最恨说谎的人。　　　　　　　　　　　　　　　　　（透了）

   ⇨ _____。

8. 每天背生词，没意思极了。 （透了）

   ⇨ _____。

9. 小明的考试成绩太糟了。 （透了）

   ⇨ _____。

三、根据提示用"不是……而是……"造句　Make sentences with "不是……而是……" according to the clues

例 Example

　　　　装文具　　　　　　　玩儿

　　⇨ 孩子们买这种文具盒，不是为了装文具，而是为了玩儿。

1. 回家　　　　　　　　　去网吧

   ⇨ _____。

2. 向顾客介绍商品　　　　骗顾客买一件东西

   ⇨ _____。

3. 吃饭　　　　　　　　　谈生意

   ⇨ _____。

4. 看书　　　　　　　　　睡觉

   ⇨ _____。

5. 看电影　　　　　　　　约会

   ⇨ _____。

6. 为了别的　　　　　　　为了减肥

   ⇨ _____。

四、用括号中的词语完成句子 Complete the sentences using the words in the brackets

1. 左拉会说好几种语言，_____。（甚至）
2. 安娜特别喜欢看小说，一看起来_____。（甚至）
3. 他们俩长得几乎完全一样，不但朋友们常常认错，_____。（甚至）
4. 老董不爱逛公园，在北京住了一辈子，_____。（甚至）
5. 小张可是我们班最努力的学生，_____。（除了……就是……）
6. 现在的连续剧没什么意思，_____。（除了……就是……）

五、用本课的生词填空 Fill in the blanks with the new words in this lesson

1. 骑到半路自行车坏了，只好推着车走，真_____。
2. 老董不在，你要是找他有_____事，就留个纸条吧。
3. 周教授有_____的心脏病，只好回家_____病。
4. 一位农民救了一只受_____的白天鹅。
5. 左拉不论到哪儿，都能_____上新朋友。
6. 老王要去南方，_____公司谈一笔生意。
7. 周教授住院了，每天都有很多同事和学生去_____他。
8. 大夫，我感冒了，_____、流_____，您给我点儿药吧。
9. 有病要去找医生，不能自己乱_____药。
10. 你整天一个人待在家里，难道不_____吗？
11. 学习了一个月，我的_____很大。
12. 中医_____病的方法一般都比西医简单。

13. 奶奶眼睛看不见，我们担心她_____，所以她出门的时候总要有一个人陪着她。

会话 DIALOGUE

看下边的图根据提示对话　Look at the following pictures and talk about them with a friend according to the clues

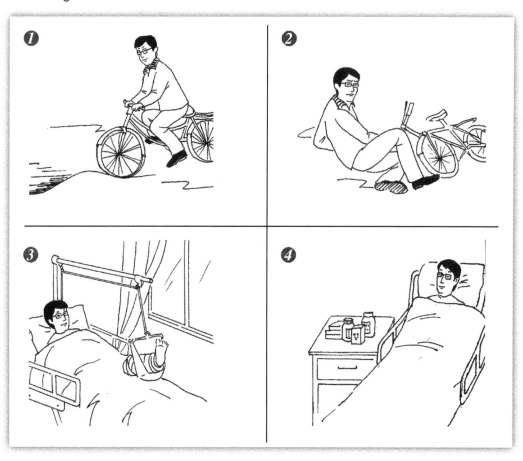

今天早上我去上课，……

大夫说："没什么事，……"

第20课 生活习惯

生词 NEW WORDS

1	都	dōu	副	already
2	懒	lǎn	形	lazy
3	重要	zhòngyào	形	important
4	哎	āi	叹	hey
5	片子	piānzi	名	movie
6	规律	guīlǜ	名	regularity, pattern
7	准时	zhǔnshí	形	on time
8	早晨	zǎochén	名	morning
9	新鲜	xīnxiān	形	fresh
10	做操	zuò cāo		to do exercises
11	非…不可	fēi…bùkě		must

12	恐怕	kǒngpà	副	I'm afraid...
13	躺	tǎng	动	to lie
14	早起	zǎo qǐ		to get up early
15	午睡	wǔshuì	动/名	to take a siesta; siesta
16	之后	zhīhòu	名	after
17	之前	zhīqián	名	before
18	左右	zuǒyòu	名	about
19	只好	zhǐhǎo	副	to have to
20	也许	yěxǔ	副	perhaps
21	夜生活	yèshēnghuó	名	night life

课文 TEXTS

1 张 英：喂，是黄勇吗？

黄 勇：谁呀？星期六也不让人好好休息。

张 英：我是张英。都十点半了，还在睡懒觉呢？[1]快起来吧，我请你看电影去。

黄 勇：对我来说，现在睡觉可比看电影重要得多。[2]哎，什么电影？

张 英：我也不清楚，别人送的票，说是最新的片子。

黄 勇：我昨晚去外边玩儿了，今天早上四点多才回来。

张 英：像你这样生活没有规律，对身体一点儿好处也没有。

黄 勇：话可不能这么说。周末了，睡个懒觉，放松放松，很正常吧！

2 老 董：真羡慕你呀，身体这么好。你以前可不是这个样子。哎，你是不是吃什么药啦？

老 王：没吃什么药，就是生活有规律了。以前我早上爱睡懒觉，现在每天六点钟准时起床。

老 董：那么早？你起得来吗？

老 王：怎么起不来？早晨空气新鲜，散散步、做做操，一天都有精神。

老 董：那你晚上几点睡觉？

老 王：十点半。一到时间，非睡不可。[3]再好的电视也不看。

老 董：我睡得可比你晚多了，一点以前能睡就算早的了。[4]

老 王：那晚的呢？

老 董：恐怕我躺下的时候，你已经在散步了。[5]

3 　　早起与午睡是很多中国人的生活习惯，特别是午睡，对有些人来说，就像吃饭一样重要。

　　很多人在午饭之后，下午上班之前，一定要休息一个小时左右。离家近的，回家休息；离家远的，回不了家，就只好在办公室里随便休息一会儿，[6]反正非得午睡不可。

　　因此，去看望中国朋友，最好不要中午去。影响别人休息多不好啊！

　　早起是一个好习惯，然而现在越来越多的人早起不了。也许是由于工作紧张、夜生活丰富的原因吧。

注释 NOTES

1 都十点半了，还在睡懒觉呢？

"都"在这里是"已经"的意思，表示已经达到某种程度或数量。句子末尾要用"了"。例如：

Here "都" means "已经" (already). It shows something having reached some degree or quantity. At the end of the sentence one must add "了", e.g.,

① 天都黑了，孩子怎么还不回来？
② 她都 40 岁了，可不年轻了。
③ 这个菜太辣了，辣得我眼泪都流出来了。

2 对我来说，现在睡觉可比看电影重要得多。

"对……来说"表示从某人或某事的角度看问题。例如：

"对……来说" means "from one's point of view" or "from some angle," e.g.,

① 汉字对日本学生来说不太难。
② 翻译这篇文章，对你来说很容易，对我来说可太难了。
③ 对企业来说，质量就好像是生命。

3 一到时间，非睡不可。

"非……不可"表示一定要这样，"非"后常有"要""得"。除了"不可"以外，后边还可以说"不行""不成"。"非"后边一般是动词，也可以用句子或指人的名词、代词。例如：

"非……不可" means having to be this way, so after "非" one often uses "要", "得". "不可" can be replaced by "不行", "不成". "非" is usually followed by a verb, but it can also be followed by a sentence, a personal noun or a personal pronoun, e.g.,

① 左拉想说什么就非说不可。

② 我们让他在家里好好休息，可他非要去不可。

③ 要想请老王来，非老董不可。

④ 要想哄孩子睡觉非妈妈唱歌不可。

4 一点以前能睡就算早的了。

"算"，认作，当做。后边可以用"是"。例如：

"算" means "to consider" or "to take as". "是" can be used after it, e.g.,

① 这几天不算热。

② 裁判，他打我，算不算犯规？

③ 他只是按摩师，不能算是大夫。

5 恐怕我躺下的时候，你已经在散步了。

"恐怕"表示估计、猜测，有"大概""也许"的意思。做状语。例如：

"恐怕" indicates an estimation or a guess, meaning "大概"，"也许" (probably), functioning as an adverbial, e.g.,

① 下大雨了，运动会恐怕开不成了。

② 这两个国家的矛盾越来越大，恐怕要断交了。

③ 你恐怕还不知道吧，老董当总经理了。

6 就只好在办公室里随便休息一会儿……

"只好"表示没有别的办法，只有一种选择。做状语。例如：

"只好" means no other choice but just one solution is available. It is used as an adverbial, e.g.,

① 去新疆的计划大家都反对，只好算了。

② 因为有大雾，飞机只好推迟起飞。

③ 同学们刚来，听汉语不太习惯，老师只好讲得慢一点儿。

练习 EXERCISES

一、看图说话　Talk about the pictures

1. 用"对……来说"Use "对……来说"

望月：汉语发音真难！　　爱珍：汉字太难了！

左拉：考多少分都行！

身体最重要

2. 用"只好"Use"只好"

_____。

_____。

二、用"算"完成对话　Complete the dialogues using "算"

1. A：你们国家夏天热不热？

　　B：_____。

2. A：你每天晚上睡得是不是特别晚？

   B：_____。

3. A：你怎么买这么贵的衣服呀？

   B：_____，还有更贵的呢。

4. A：昨天你帮我买的那本书多少钱？

   B：别给钱了，_____。

5. A：你觉得这家饭馆儿怎么样？

   B：_____。

▶ 三、用括号中的词语改写句子　Rewrite the sentences with the words in the brackets

1. 今天晚上我就是不睡觉也要把作业写完。　　　（非……不可）

   ⇨ _____。

2. 这台电视机的毛病除了刘师傅别人都修不了。　（非……不可）

   ⇨ _____。

3. 我说什么他们都不信，一定要见我们经理。　　（非……不可）

   ⇨ _____。

4. 每次老王见到左拉都要请他吃饭，左拉不去他就会生气。

   　　　　　　　　　　　　　　　　　　　　　　（非……不可）

   ⇨ _____。

5. 天阴了，可能要下雨。　　　　　　　　　　　（恐怕）

   ⇨ _____。

6. 这么晚了，我担心汤姆不来了。　　　　　　　（恐怕）

   ⇨ _____。

7. 客人不太多，这么多菜大概吃不了。　　　　　　　　　　（恐怕）

　　⇨ _____。

8. 昨天老王没来，可能不知道今天开会。　　　　　　　　　（恐怕）

　　⇨ _____。

▶ 四、用括号中的词语完成句子　Complete the sentences using the words in the brackets

1. _____，你怎么还睡懒觉呢？　　　　　　　　　　（都）

2. 没想到_____，看起来像三十多岁。　　　　　　（都）

3. _____，商店早关门了，到哪儿去买呀？　　　　（都）

4. 许先生这个星期没空儿，你要见他_____。　　　（最好）

5. 这几件衣服我急着穿，_____。　　　　　　　　（最好）

6. 我们的货不多了，你买不买？_____。　　　　　（最好）

7. 今天黄勇家的电话一直占线，_____。　　　　　（也许）

8. 望月房间的灯没亮，_____。　　　　　　　　　（也许）

9. 汤姆个子很高，_____。　　　　　　　　　　　（左右）

▶ 五、用本课的生词填空　Fill in the blanks with the new words in this lesson

1. 大熊猫吃饱了就睡，可真够_____的。

2. 对我来说，考试成绩不太_____。

3. 动物、植物都是按照一定的_____生长的。

4. 我_____上完两节课了，他才起床。

5. 明天八点出发去长城，请大家_____到楼前集合。

6. _____空气_____，所以去公园锻炼的人特别多。

7. 爷爷每天五点_____起床，早饭_____去公园打太极拳，早饭_____练习书法，中午_____一个小时。

8. 飞龙最近总觉得不舒服，可是大夫说他没病，＿＿＿＿＿＿是受了天气的影响。

会话 DIALOGUE

下面都是中国人关于健康长寿的俗话，查一查词典，弄清楚它们是什么意思。张英很相信这些说法，黄勇不太相信。他们常常争论。编一段张英、黄勇争论这个问题的对话　Here are some Chinese proverbs on health and longevity. Look them up in a dictionary. Zhang Ying believes in them but Huang Yong doesn't, so they often argue with each other. Make a dialogue about their argument

"早睡早起身体好。"
"早吃饱，午吃好，晚吃少。"
"饭后百步走，活到九十九。"
"白菜豆腐保平安。"
"三分饥寒保平安。"
"春捂秋冻，老了没病。"
"千金难买老来瘦。"
"人老腿先老。"
"百练不如一走。"

第21课 看比赛

生词 NEW WORDS

1	场	chǎng	量	a measure word used as an indefinite article or together with a quantity in entertainment and sports activities
2	赢	yíng	动	to win
3	出线	chū xiàn		to qualify for the next round of competitions
4	除非	chúfēi	连	unless
5	退	tuì	动	to return
6	开赛	kāisài	动	to start a game
7	转播	zhuǎnbō	动	to relay
8	现场	xiànchǎng	名	locale
9	气氛	qìfēn	名	atmosphere
10	来不及	láibují	动	It's too late.

11	白	bái	副	for nothing
12	慢镜头	mànjìngtóu	名	slow motion
13	与其	yǔqí	连	rather than
14	尽力	jìn lì		to try one's best
15	偏	piān	副	just
16	信	xìn	动	to believe
17	道德	dàodé	名	ethics
18	精彩	jīngcǎi	形	wonderful
19	淘汰	táotài	动	to eliminate
20	组	zǔ	量	group (a measure word)
21	强	qiáng	形	strong
22	超级	chāojí	形	super
23	联赛	liánsài	名	league matches
24	通过	tōngguò	介/动	by means of, by; to pass
25	有关	yǒuguān	动	to relate
26	著名	zhùmíng	形	famous
27	俱乐部	jùlèbù	名	club
28	体育场	tǐyùchǎng	名	stadium

课文 TEXTS

1 黄 勇：今天这场球谁赢了谁就能出线，非看不可。

张 英：可是票全卖完了，咱们进不去呀。除非有人退票。[1]

黄 勇：那就在门口等会儿吧，说不定真有退票的。

张 英：离开赛还有三四个小时，要不回去看电视转播吧。

黄　勇：看电视哪有现场的气氛呀！

张　英：到时候要是等不着票，再想回去看电视也来不及了。[2]

黄　勇：那倒也是，[3]要是白等半天，还不如回去看电视呢。[4]回去吧！

张　英：再说，看电视比现场清楚得多，还有慢镜头回放，多好呀！

2　黄　勇：真没劲！有的队员根本不像是在比赛，倒像是在散步。

张　英：就是。与其看这样的比赛，还不如在家看看书、聊聊天儿呢。[5]

黄　勇：以后再也不看这两个队的比赛了。[6]

张　英：我早跟你说过，他们都出线了，肯定不会尽力踢的。可你偏不信。[7]

黄　勇：我以为他们都是职业运动员，应该讲职业道德。

张　英：等第二阶段开始，比赛肯定会精彩激烈的。

黄　勇：那当然了，淘汰赛嘛，到时候谁输谁就得回家。

张　英：再说，出线的队差不多都是各组的强队。

黄　勇：我们过两天再来看吧。

3　　汤姆无论如何也没想到，在中国也能看到英国的超级联赛，特别是看到他喜爱的球队时，就别提多高兴了。而且通过足球，他还认识了不少中国朋友，学了不少汉语，特别是一些有关足球的词。他觉得特别有意思。

　　下个周末，英国一个著名的俱乐部队要来北京比赛。汤姆想，无论票多贵，也要买。而且到时候，他还要请他的中国朋友一起去体育场看这场比赛。

注释 NOTES

1 除非有人退票。

"除非"用在条件复句里，强调只有在这个条件下才能产生或得到某种结果。后边常有"才""否则"等词语。例如：

"除非" is used in a conditional compound sentence. It emphasizes that some result can be brought about only under this circumstance. "才"，"否则", etc. often appears in the latter clause, e.g.,

① 除非戒烟，才能治好你的病。
② 除非有重要的事，他才会请假。
③ 除非下雨，否则篮球赛照常进行。
④ 除非总经理亲自去请，他才会来，否则他绝对不来。

2 到时候要是等不着票，再想回去看电视也来不及了。

"到时候"表示到将来需做某事或会出现某种结果的时候。做状语。例如：

"到时候" means at a future time when one needs to do something or when some result is produced. It is used as an adverbial, e.g.,

① A：你们走的时候可别忘了叫我。
　　B：放心吧，到时候一定叫你。
② 快考试了，还天天玩儿，到时候又该担心不及格了。
③ 我一定要在这一个月里学会唱京剧，到时候唱给你们听。

3 那倒也是……

"那倒也是"表示同意对方的看法。例如:

"那倒也是" indicates that one agrees with the other party, e.g.,

① A：骑车带人，要是让警察看见就麻烦了。
   B：那倒也是，我不带你了。
② A：大家都去旅行，你一个人留在宿舍多没意思呀。
   B：那倒也是，我也去吧。

4 要是白等半天，还不如回去看电视呢。

"白"，副词，表示动作没有达到目的或没有效果。做状语。例如：

"白" is an adverb and means "not having achieved one's aim or any result." It is used as an adverbial, e.g.,

① 白逛了半天，什么也没买着。
② 你说也是白说，他听不懂汉语。
③ 老董还是那么胖，减肥药都白吃了。

5 与其看这样的比赛，还不如在家看看书、聊聊天儿呢。

"与其A，不如B"，表示对A、B进行比较之后选择B，不选择A。例如：

"与其A，不如B" means one chooses B instead of A after having compared the two, e.g.,

① 与其说他们是竞争对手，不如说他们是朋友。
② 这些东西与其放着不用，不如送给"希望工程"。
③ 天这么热，与其跑那么远去食堂，还不如在宿舍吃方便面。

6 以后再也不看这两个队的比赛了。

"再也不／没……"表示永远不重复，永远不做了。例如：

"再也不／没……" means never to do something again, e.g.,

① 这个饭馆儿又贵又难吃，我以后再也不来了。
② 妈妈，我错了，我再也不骗人了。
③ 他走了以后，就再也没有消息了。

注意： "不再"和"再也不"的区别。"不再"也表示不重复或不继续某个动作或行为，可以是永远性的，也可以是在较短的时间里的。"再也不"一般不能用于较近的将来，语气更强。例如：

NB: The difference between "不再" and "再也不". "不再" means not to repeat or continue an action or a behavior forever or in a short period of time. "再也不" is not usually used when talking about a case in the near future and has a stronger tone, e.g.,

④ 我明天不再（×再也不）来了。
⑤ 从今以后，我们不再和你们联系。

7 可你偏不信。

"偏"表示故意跟客观情况或别人的要求相反。后边常有"要""不"。例如：

"偏" means to act against the objective situation or other people's wishes on purpose. After it one often puts "要", "不", e.g.,

① 不让他喝酒，他偏要喝，结果喝醉了。
② 玻璃是你打破的，你怎么偏说是弟弟打的呢？
③ 我们想逗那孩子笑，可是她偏不笑。

注意： "偏"跟"偏偏"的区别。表示主观上故意跟客观要求相反时多用"偏"，表示客观事实跟主观愿望相反时多用"偏偏"。例如：

NB: The difference between "偏" and "偏偏". When expressing the idea of acting against the objective needs on purpose, one often uses "偏". When showing the reality is opposite to the subjective wishes, one often uses "偏偏", e.g.,

④ 今天阴天，可能有小雨，可马龙偏要今天爬香山。
⑤ 原打算今天登长城，偏偏今天下起了大雨，那就明天去吧。

练习 EXERCISES

一、看图说话（用上"的"） Talk about the pictures using "的"

————————————————————。

————————————————————。

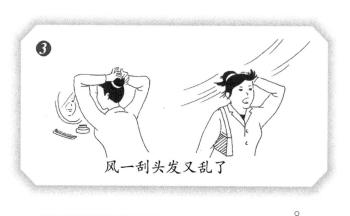

风一刮头发又乱了

————————————————————。

第21课

二、用括号中的词语完成对话 Complete the dialogues with the words in the brackets

1. A：你们要去云南旅行，可别忘了我呀。
   B：放心吧_____。 （到时候）

2. A：最好提前几天订票，我怕_____。 （到时候）
   B：不用，现在票好买。

3. A：我下个月结婚，_____。 （到时候）
   B：太好了，我一定去。

4. A：现在几点了？我六点半在长城饭店有个约会。
   B：已经快六点了，_____。 （来不及）

5. A：早上六点的火车，得早点儿出发，_____。 （来不及）
   B：早晨不堵车，五点半出发就行。

6. A：不行了，已经七点五十了，_____。 （来不及）
   B：谁让你睡懒觉呢？

7. A：这车挤死了。
   B：我说骑车，_____。 （偏）

8. A：刚买的空调就坏了，真气人！
   B：我说别买这种牌子的，_____。 （偏）

三、用括号中的词语完成句子 Complete the sentences with the words in the brackets

1. _____，客人都没来。 （白）

2. 今天银行休息，_____。 （白）

3. 一件旗袍一般半个月才能做好，_____。 （除非）

4. 他不喝酒，_____。　　　　　　　　　　（除非）

5. 妈妈给孩子买了店里最贵的蛋糕，可是_____。　（偏）

6. 家里人不让奶奶一个人出门，可是_____。　　（偏）

7. 我不太懂法律，_____。　　　　　　　　　（有关）

8. 人的心情好坏_____。　　　　　　　　　　（有关）

四、用括号中的词语改写句子　Rewrite the sentences with the words in the brackets

1. 他骗了我好几次了，以后我不会相信他了。　　（再也不）

　⇨ _____。

2. 没想到重庆火锅这么辣，我可不敢再吃了。　　（再也不）

　⇨ _____。

3. 大学毕业以后我们一直没见过小许。　　　　　（再也没）

　⇨ _____。

4. 老王参加体育锻炼以后没得过病。　　　　　　（再也没）

　⇨ _____。

5. 从北京去天津，坐火车不如坐汽车。　　（与其……，不如……）

　⇨ _____。

6. 我觉得在家里休息比看一个没意思的电影好得多。

　　　　　　　　　　　　　　　　　　（与其……，不如……）

　⇨ _____。

7. 大家都说这两个运动员是对手，其实说他们是朋友更合适。

　　　　　　　　　　　　　　　　　　（与其……，不如……）

　⇨ _____。

8. 这些东西质量太差，我就是什么都不买，也不买这些。

（与其……，不如……）

⇨ _____。

五、用本课的生词填空 Fill in the blanks with the new words in this Lesson

1. 昨天那_____比赛哪个队_____了？
2. 中国的足球联赛每年四月_____，十月结束。
3. 看足球的话，看电视_____比去_____看得清楚。
4. 别人的话要好好想一想，可不能听别人说什么你都_____。
5. 这张电影票没人要，你去把它_____了吧。
6. 考试结束了，学校里的_____显得非常轻松。
7. 踢假球是一种不_____的行为。
8. 今天的比赛谁输了谁就要被_____，所以这场比赛一定很_____。
9. 口语课上，老师经常让同学们两个人一_____做会话练习。
10. 现在世界上哪个篮球队最_____？
11. _____收藏邮票可以了解很多知识。
12. 天坛祈年殿是世界上_____的古代建筑之一。

会话 DIALOGUE

阅读下面的短文，然后做对话练习 Read the passage, then make a dialogue

> 　　星期天下午，有一场北京队对大连队的足球比赛。小张和小王排了五个小时的队才买着两张票。
>
> 　　这场比赛非常精彩。上半场，大连队踢得比较好，先进了一个球，北京队一直没有什么特别好的进球机会。下半场开始后，虽然北京队踢得比上半场好，但比分一直是一比零。可是，就在下半场快结束的时候，大连队的10号受伤，被换下了场。一会儿，北京队8号传了一个好球，15号把球踢进了，把比分变成了一比一。两个队打加时赛，结果北京队的15号又接到8号传来的球，一脚踢进了球门。比赛结束，北京队二比一赢了。
>
> 　　赛后，小张觉得，要是大连队的10号不受伤，他们就不会输了。小王觉得，就是10号不受伤，大连队也不一定能赢，因为大连队本来就不如北京队强。两个人都认为北京队的表现很好，特别是15号和两次给他传球的8号。

1. 给你的朋友介绍一下这场比赛。
2. 做对话（小张跟小王）练习，评论这场比赛。

第22课 春夏秋冬

生词 NEW WORDS

1	受不了	shòu bu liǎo		can't bear
2	预报	yùbào	动	to forecast
3	火炉	huǒlú	名	stove
4	一来…二来…	yīlái…èrlái…		firstly…secondly…
5	值得	zhídé	动	to be worth
6	风景	fēngjǐng	名	scenery
7	气温	qìwēn	名	temperature
8	围	wéi	动	to surround
9	四季	sìjì	名	four seasons
10	季节	jìjié	名	season
11	暖和	nuǎnhuo	形	warm

12	如	rú	动	to be like
13	滑雪	huá xuě		to ski
14	乐趣	lèqù	名	joy
15	登	dēng	动	to climb
16	周围	zhōuwéi	名	surrounding
17	可惜	kěxī	动/形	It's a pity...; pitiful
18	寒冷	hánlěng	形	cold
19	盼望	pànwàng	动	to look forward to
20	风沙	fēngshā	名	sand blown by the wind
21	睁	zhēng	动	to open
22	到处	dàochù	副	everywhere
23	不停	bù tíng		endless
24	不得不	bù dé bù		to have to
25	伞	sǎn	名	umbrella
26	至于	zhìyú	介	as for

● 专名

1	武汉	Wǔhàn	*name of a city*
2	长沙	Chángshā	*name of a city*
3	重庆	Chóngqìng	*name of a city*
4	东北	Dōngběi	Northeast China
5	桂林	Guìlín	*name of a city*
6	新疆	Xīnjiāng	*name of an autonomous region of China*
7	吐鲁番	Tǔlǔfān	Turpan

课文 TEXTS

1 飞　龙：昨天下了场雨,今天凉快多了。再不下雨就受不了了。[1]

　　黄　勇：可不是嘛。在我印象里,北京的夏天从来没这么热过。

　　飞　龙：不过,我看了天气预报,好像北京还不是最热的,武汉、长沙才是最热的。[2]

　　黄　勇：南方都比较热,其中长江边的上海、南京、武汉、重庆被人们叫做"四大火炉"。[3]

　　飞　龙：等学习结束,我打算去东北旅游。一来那儿有不少名胜古迹,二来那儿也不太热。[4]

　　黄　勇：其实,我觉得有个地方,虽然很热,但是特别值得去。

　　飞　龙：是桂林吧?我早就听说桂林的风景特别美。

　　黄　勇：不是,是新疆的吐鲁番。那儿白天的气温一般都在40度以上,而晚上的气温在10度左右,你可以围着火炉吃西瓜。

2 飞　龙：春夏秋冬四季里,你最喜欢哪个季节?

　　望　月：我希望夏天凉快点儿,别太热;冬天暖和点儿,别太冷。

　　飞　龙：那就没有四季了,恐怕也没意思了。

　　望　月：四季如春多好啊!

　　飞　龙：不对,这就像吃东西一样,再好吃的东西,天天吃也会腻的。

　　望　月：那你最喜欢什么季节呢?

　　飞　龙：春天的花草树木,秋天的蓝天白云能带给人好心情;而夏天游泳,冬天滑雪也能给人带来很多乐趣。所以,一年四季我都喜欢。

望　月：对了，你好像说过，你滑雪滑得不错。

3　　　秋天是北京最好的旅游季节，气温不高不低。要是登上长城，往周围一看，山上的花草树木，红的、黄的、绿的都有，好看极了。可惜秋天太短，冬天很快就来了。[5]在寒冷的冬天里，人们都盼望着春天。不过，北京的春天风沙太大，有时吹得人连眼睛都睁不开。

　　　春天的上海到处是绿树红花，景色美极了。但是，五、六两个月总是不停地下雨，有时一两个星期都不得不打着伞出门儿，人的心情也会受影响。[6]

　　　至于冬天和夏天，有人说在北京过好，有人说在上海过好。[7]你认为呢？

注释 NOTES

1 再不下雨就受不了了。

"再……就……"表示如果某种情况继续或重复出现，会引起某种后果。"再"可以跟"要是""如果""……的话"一起使用。例如：

"再……就……" is used to express if some situation continues or appears again, some result will arise. "再" can be used together with "要是", "如果" and "……的话", e.g.,

① 大雨再不停就要闹水灾了。
② 你再不努力就考不上大学了。
③ 你如果再开玩笑，我就生气了。
④ 他再不回来的话，宿舍就要锁门了。

2 武汉、长沙才是最热的。

"才"在这里起强调作用。

"才" here is used for emphasis.

（1）"才 + 是"，表示"只有这个是，别的不是"。例如：

"才 + 是" means "只有这个是，别的不是" (Only this one is...others are not...), e.g.,

① 学习才是学生应该做的。
② 这不是我的，那辆红车才是我的呢。

（2）"才 + 形容词 / (不) 动词 + 呢"。例如：

"才 + adjective / (不) verb + 呢", e.g.,

③ 你这坏习惯改不掉，那个姑娘会和你交朋友才怪呢。
④ 小明那孩子才聪明呢。
⑤ 那个地方一点儿也不好玩儿，我才不去呢。
⑥ 让我演坏蛋，我才不干呢。

3 南方都比较热，其中长江边的上海、南京、武汉、重庆被人们叫做"四大火炉"。

"其中"，意思是"那里面"，指范围。只能单用，不能用在其他名词后边。例如：

"其中" means "among", indicating the scope. It can only be used independently and can not be used after other nouns, e.g.,

① 这个班有十五个学生，其中六个是北京人。
② 北京有很多名胜古迹，其中故宫是最有名的。
③ 他在中国生活了三十年，其中有二十年住在上海。

4 一来那儿有不少名胜古迹，二来那儿也不太热。

"一来……，二来……"，用于并列复句，说明两个或两个以上的原因、目的。例如：

"一来……，二来……" is used in a coordinate compound sentence to state two or more reasons or aims, e.g.,

① 老王对西安特别有感情，一来那儿是历史名城，二来他在那儿工作过很多年。
② 老人想跟孩子们住在一起，一来能帮他们做点儿家务，二来自己也能得到照顾。
③ 到中国留学，一来为了学习汉语，二来可以游览名胜古迹。

5 可惜秋天太短，冬天很快就来了。

"可惜"意思是让人觉得惋惜、遗憾。

"可惜" indicates feeling sorry or regrettable.

（1）用作动词，可带小句宾语。例如：

Used as a verb and can be followed by an object clause, e.g.,

① 今天我又去了那家服装店，可惜我喜欢的那件衣服已经卖出去了。
② 昨天的球赛可精彩了，可惜你没看着(zháo)。

（2）用作形容词，可做谓语。例如：

Used as an adjective to function as a predicate, e.g.,

③ 这么多菜吃不了就扔了，太可惜了。
④ 新买的车丢了，真可惜。

6 有时一两个星期都不得不打着伞出门儿，人的心情也会受影响。

"不得不"，惯用语，语气比"只好"更强，表示采取某一做法不是出于本人心愿，而是为情势所迫，除了这么做没有别的办法。例如：

"不得不" is an idiomatic expression and has a stronger tone than "只好", meaning one does something not because he wants to, but because he is forced to, e.g.,

① 没有找到房子，行李不得不存在朋友那儿。
② 同屋最讨厌烟味儿，我不得不到外面去抽烟。
③ 别人都很忙，走不开，不得不让新来的小李去一趟了。

7 至于冬天和夏天，有人说在北京过好，有人说在上海过好。

"至于"用于引出新的话题。用于后一分句的开头。例如：

"至于" is used to introduce a new topic and is placed at the beginning of a clause, e.g.,

① 这只是我自己的想法，至于别人怎么想，我就不清楚了。
② 妈妈说要来中国，至于什么时候来，还没定。
③ 我做这个工作是因为喜欢，至于报酬，我不在乎。

练习 EXERCISES

一、看图，根据提示用"一来……，二来……"对话 Make a dialogue according to the pictures using "一来……，二来……"

话题1：去哪儿玩儿？

山东：

泰山
孔林
日出
……

云南：

石林
雪山
少数民族
……

话题2：去哪儿吃？

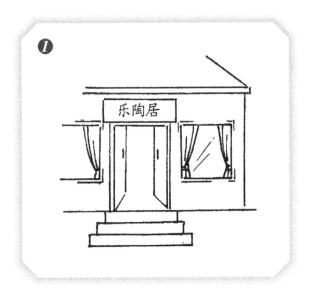

去：

热情
漂亮
凉快
很特别
交通方便
了解传统文化
朋友说那儿很好
从来没去过
花钱不太多
环境很好
……

不去：

腻
远
去过两次
没时间
没钱
有朋友来
没有空调
地方太小
人太多
天气太热
……

二、用"再……就……"完成下边的对话 Complete the dialogues using "再……就……"

1. 妻子：_____。
   丈夫：行，行，我这就去外边抽。

2. 妈妈：_____。
   儿子：好吧，我现在起床。

3. 老师：_____。
   学生：我以后一定不迟到了。

4. 客人：_____。
   服务员：对不起，菜马上就来。

三、根据实际情况回答，想办法用上"才" Answer the questions according to the actual situation trying to use "才"

例 Example

A：在你们国家，你工作的公司是最大的吗？
B：不是，小林他们公司才是最大的。

1. A：在你们班，你是最高的吗？
   B：_____。

2. A：你觉得怎样才能学好汉语？
   B：_____。

3. A：你觉得怎么样才能找到好工作？
   B：_____。

4. A：现在很多人觉得流行歌曲最好听，你说呢？
   B：_____。

5. A：红色是你们国家的人最喜欢的颜色吗？

   B：_____。

四、用所给词语，根据提示完成下边的对话 Complete the dialogues using the given words according to the clue

1. 可惜

   A：我今天听小黄说，美术馆有个西方现代油画展，你知道吗？

   B：_____。

   （展览日期：7.1—7.15，今天7.17）

   A：哎呀，真是_____！我特别喜欢西方的现代油画。

   B：没关系，今年10月还有一个中国画展，你可以去看看。

   A：_____。

   （8月学习结束后回国）

2. 不得不

   A：现在市场（shìchǎng，market）竞争得真厉害！

   B：可不是，_____。

   （降价／关门……）

   A：听说有的职员也_____。

   （辞职／下岗 xià gǎng，to lay off）

   B：现在有的大学毕业生找不到工作，_____。

   （考研究生）

五、用所给的词语完成句子 Complete the sentences with the given words

1. 我只听说这次咱们是去南方，_____。（至于）
2. 咱们班里李钟文肯定不会去，_____。（至于）
3. 这次大同旅行参观了不少地方，_____。（其中）

4. 学外语，听说读写都重要，_____。 （其中）

5. 大家都说这个电影不错，_____。 （值得）

6. 那个地方的风景一般，_____。 （值得）

7. _____，所以从来不去吃四川菜。 （受不了）

8. 把空调温度调高点儿吧，_____。 （受不了）

六、用本课的生词填空　Fill in the blanks with the new words in this lesson

1. 天气_____说明天最高_____38度。

2. 海南岛的_____美极了。

3. 下课了，好多同学_____着老师问问题。

4. 现在人们种花的技术越来越先进，_____都有鲜花上市。

5. 有了空调，冬天屋里也能温暖_____春。

6. 老韩退休以后，在家里哄小孙子就成了他最大的_____。

7. 这个国家多山，冬天可以_____，夏天可以_____山。

8. 这个地方_____都是山，风刮不进来，所以冬天不_____，_____也不大。

9. 老董说今年夏天带全家去三峡旅游，小明就天天_____着放暑假。

10. 张英哥哥的孩子特别好动，每天早晨一_____开眼睛就开始说呀笑呀，跑呀跳呀。

11. 大街上_____都是"重庆火锅"的招牌。

会话 DIALOGUE

一、根据以前学过的课文，猜猜下面表中的人物各有什么爱好和特点 Guess What is the hobby or character of each person in the list according to what you have learned

名字	爱好和特点	喜欢的季节
左拉	去世界各地旅游	春季
飞龙	穿漂亮衣服	夏季
李钟文	游泳	秋季
望月	打羽毛球	冬季
汤姆	滑雪	
爱珍	又怕冷又怕热	
林福民	踢足球	

二、根据他们的爱好和特点，说说他们会喜欢什么季节，为什么 Tell which season they may like according to their hobby or character. Why

第 23 课　友好交往

生词 NEW WORDS

1	约	yuē	动	to make an appointment
2	由	yóu	介	up to somebody
3	主力	zhǔlì	名	top player
4	增进	zēngjìn	动	to promote
5	友谊	yǒuyì	名	friendship
6	幽默	yōumò	形	humorous
7	难得	nándé	副/形	rarely; rare
8	上场	shàng chǎng		to take part in the competition
9	啦啦队	lālāduì	名	cheering squad
10	加油	jiā yóu		to cheer up
11	棒	bàng	形	excellent

12	门	mén	量	a measure word for field of study or technical training
13	专业	zhuānyè	名	major
14	别的	bié de		other
15	何况	hékuàng	连	let alone
16	成	chéng	动	to become
17	通用	tōngyòng	动	to be in common use
18	已	yǐ	副	already
19	尽管	jǐnguǎn	连	despite
20	互	hù	副	each other
21	有时	yǒushí	副	sometimes
22	对方	duìfāng	名	partner, the other side
23	毫不	háo bù		not...at all
24	指	zhǐ	动	to point
25	提高	tígāo	动	to improve

● 专名

| 1 | 西班牙 | Xībānyá | Spain |
| 2 | 安娜 | Ānnà | name of a person |

课文 TEXTS

1 飞　龙：有几个留学生让我跟你们约一场球，时间由你定。[1] 你看怎么样？

黄　勇：这事可能不行。我们的几个主力不是回家了，就是生病了。[2]

飞　龙：随便玩儿玩儿，输赢没关系，主要是为了"增进中外学生的友谊"。

黄　勇：想不到你还挺幽默！行，那就明天吧。

飞　龙：这是我们书上的句子，学了就得用嘛。对了，明天我给你介绍一个西班牙朋友，你们可以互相帮助。

黄　勇：太好了！我们平常难得能找到西班牙留学生练习口语。[3]

飞　龙：那你明天好好打，她一定愿意跟你交朋友。

黄　勇：明天她也上场打吗？

飞　龙：哪儿呀，她是我们的啦啦队队长。你要是打得好，她也会给你加油的。

2 黄　勇：你篮球打得真棒！你是美国人吧？

麦　克：对。你打得也不错。我叫麦克，你贵姓？

黄　勇：别那么客气。我叫黄勇。

麦　克：你是这个学校的学生吗？

黄　勇：我在外语学院学习西班牙语和英语。

麦　克：怎么你学习两门外语？

黄　勇：西班牙语是我的专业，英语是第二外语。

麦　克：原来如此。别的同学跟你一样吗？

黄　勇：专业都一样，第二外语不是英语，就是日语，由自己选。

麦　克：你为什么不选别的呢？

黄　勇：我中学时学的就是英语，何况现在英语几乎已经成了世界通用语了。[4]

3　　安娜通过打篮球认识了一个中国朋友，叫黄勇。黄勇学西班牙语已有四年了，不过是在中国学的。安娜尽管只学过八个月汉语，但都是在中国学的。[5]所以她说汉语比黄勇说西班牙语流利一些。他们俩现在互帮互学：有时黄勇说西班牙语，安娜说汉语；有时都说西班牙语；有时都说汉语。只要对方说错了，就毫不客气地指出来，特别有意思。两个人的水平都有了很大提高。周围的同学没有不羡慕他们的。[6]

注释 NOTES

1 时间由你定。

"由"在句子中放在施动者前边，使施动者显得突出。动作的对象可以放在动词后，也可以放在"由"前边。例如：

"由" is placed before the agent in a sentence to emphasize the agent. The object of the action can be placed after the verb as well as before "由", e.g.,

① 现在由刘先生介绍这次旅行的计划。
② 由同学们自己安排这次汉语演讲比赛。
③ 外国客人由市长陪同，参观了我们的学校。
④ 这些教室由赵师傅负责打扫。

2 我们的几个主力不是回家了，就是生病了。

"不是……，就是……"表示肯定做两件事中的一件，或所说的两种情况中肯定有一个是真的。例如：

"不是……就是……" means that either one of the two things is done, or that either one of the two situations is true, e.g.,

① 飞龙今天没有学习，不是看电视，就是听音乐。
② 望月的房间里没开灯，她不是出去了，就是睡觉了。
③ 九号楼不是这座，就是旁边那座。
④ 你的自行车不是在楼门口，就是在车棚里，不会丢的。

注意："除了……，就是……"和"不是……，就是……"的区别。
NB: The difference between "除了……就是……" and "不是……就是……".

（1）在表示经常交替做两件事时，两种说法都可以用。例如：
Both of the two expressions can be used to show that two things are done alternately, e.g.,

⑤ 他每天除了/不是听录音，就是练生词。

（2）"不是……，就是……"可以表示估计、判断，"除了……，就是……"没有这种用法。例如：
"不是……就是……" can be used to express an estimation or a judgment, but "除了……就是……" can't be used in this way, e.g.,

⑥ 我的钥匙不是忘在宿舍了，就是丢了。
＊我的钥匙除了忘在宿舍了，就是丢了。

（3）"不是……，就是……"可以用于说明某个具体时间做什么，"除了……，就是……"没有这种用法。例如：
"不是……就是……" can be used to indicate doing something in a specific time, but "除了……就是……" can't be used in this way, e.g.,

⑦ 每天这个时间，幼儿园的孩子们不是在吃水果，就是在吃点心。
＊每天这个时间，幼儿园的孩子们除了在吃水果，就是在吃点心。

3 我们平常难得能找到西班牙留学生练习口语。

（1）"难得"用作副词，表示不常常发生。例如：

As an adverb, "难得" means "seldom happen", e.g.,

① 你难得来一趟，今天别走了。

（2）"难得"用作形容词，表示不容易得到或做到。例如：

As an adjective, "难得" is used to express hard to get something or succeed in doing something, e.g.,

② 公司派老王去美国学习，这是一个难得的机会。
③ 我在中国遇见了我小学时的同学，太难得了。
④ 爱珍感冒发烧还来上课，真难得。

4 我中学时学的就是英语，何况现在英语几乎已经成了世界通用语了。

"何况"用于递进复句。

"何况" is used in a progressive compound sentence.

（1）用在反问句前边，强调说明某一结论很明显，不用具体说。例如：

It can be used before a rhetorical question to emphasize that some conclusion is very obvious and does not need to be explained in detail, e.g.,

① 这个字很多中国人都不认识，何况留学生呢？
② 王府井平时人就很多，何况今天是星期天呢？

（2）补充更有力的理由，有"再说"的意思。例如：

It is also used to add stronger reasons, meaning "再说" (moreover), e.g.,

③ 飞龙第一次来，何况汉语又不太好，可别迷了路。
④ 这衣服款式新，何况价钱也不贵，买一件吧。

5 安娜尽管只学过八个月汉语，但都是在中国学的。

"尽管"用于让步复句，意思跟"虽然"一样。可以用在第一个句子前，也可以用在第二个句子前。例如：

"尽管", used in a compound sentence of concession, has the same meaning as "虽然". It can be placed either at the beginning of the first clause or at the beginning of the second clause, e.g.,

① 尽管昨天晚上下了一夜雨，今天却一点儿也不凉快。
② 尽管我们解释了半天这样做的理由，他还是不理解。
③ 爷爷每天工作八个小时以上，尽管他已经快 70 岁了。

6 周围的同学没有不羡慕他们的。

在一个句子里用两个否定词表示肯定的意思，语法上叫"双重否定"。双重否定的形式有："不……不……""没有……不……""不……没有……""没有不……"等。例如：

In this sentence, two negative expressions are used to express affirmation. The grammatical term for this is "double negation". The forms of double negation include "不……不……", "没有……不……", "不……没有" and "没有不……", etc., e.g.,

① 这么重要的比赛我不能不看。
② 大家都在议论这件事，他不会不知道。
③ 整个夏天他没有一天不游泳的。
④ 两个星期以前就通知他们考试的日期了，不应该没时间复习。
⑤ 认识左拉的人没有不说他可爱的。

第23课

练习 EXERCISES

一、看图用"不是……就是……"回答问题 Answer questions using "不是……就是……" according to each picture

1.

A：左拉的词典呢？
B：_____。

2.

A：这里天气怎么样？
B：_____。

3.

A：谁给李钟文打电话？
B：_____。

4.

A：老董的爱人逛商店时喜欢看什么？

B：_____。

5.

A：你估计飞龙现在在干什么？

B：_____。

6.

A：旅游团的人现在在干什么？

B：_____。

二、用指定词语完成对话 Complete the dialogues with the given words

1. 尽管

（1）A：听说这个学校比较小，你怎么不换个学校呢？

B：_____。

（2）A：老王整天忙得不得了，身体怎么还那么好？
　　B：_____。

（3）A：昨天晚上下了一夜雨，今天外边是不是凉快多了？
　　B：_____。

（4）A：大夫不是说不让老董抽烟了吗？他怎么还抽？
　　B：_____。

2. 何况

（1）A：林福民去长白山旅游，不知道顺利不顺利。
　　B：他是第一次去东北，_____，一定会遇到些困难。

（2）A：老王怎么戒烟了？
　　B：他爱人让他戒烟，_____，他不得不戒。

（3）A：你怎么不买卧铺票呀？
　　B：天津离这里这么近，_____。

（4）A：你买这本吧，这本词典收词很多，_____。
　　B：好，我买这本。

三、用"不……不……"或"没有……不……"改写句子 Rewrite the sentences using "不……不……" or "没有……不……"

1. 新疆人都会唱歌跳舞。

　⇨ _____。

2. 去过西门饭店的人都说那儿的菜好吃。

　⇨ _____。

3. 李钟文每个假期都去旅游。

　⇨ _____。

4. 小明起床晚了，为了不迟到，他只好打的去学校。

   ⇨ _____。

5. 世界上的老鼠都怕猫。

   ⇨ _____。

6. 好朋友的婚礼我一定得参加。

   ⇨ _____。

7. 放心吧，他答应帮你搬家，就准会来的。

   ⇨ _____。

8. 他们夫妻俩感情非常好，生活一定很幸福。

   ⇨ _____。

四、用括号中的词语完成句子 Complete the sentences with the words in the brackets

1. 亚洲明星队是_____。　　　　　　　　　　（由，组成）
2. 学校组织集体旅行，去哪儿旅行_____。　（由，决定）
3. 我们家一天三顿饭_____。　　　　　　　　（由，做）
4. _____，多买点儿吧。　　　　　　　　　　（难得）
5. 小王要回家乡去工作了，_____。　　　　　（难得）
6. 有个报社请爱珍去当翻译，_____。　　　　（难得）
7. 左拉说他学汉语不是为了考试，他对考试成绩_____。

   （毫不）

五、用本课的生词填空 Fill in the blanks with the new words in this lesson

1. 张英_____黄勇去看电影。
2. 要是_____队员不受伤，我们输不了。

3. 语言实践活动可以 _____ 同学们之间的了解和 _____。

4. 老董说话很 _____，常常使大家笑个不停。

5. 飞龙摔折了胳膊，不能 _____ 比赛了。

6. 安娜带着 _____ 为他们班的队员们 _____。

7. 爷爷的身体 _____ 极了。

8. 这几 _____ 是 _____ 课，_____ 都是基础课。

9. 这种电脑软件是世界 _____ 的。

10. _____ 左拉会找中国的老人们聊天儿，所以他的口语水平 _____ 得很快。

会话 DIALOGUE

一、想想表格中人物的爱好和特点，猜猜这些练习汉语的方法是谁常用的 Guess which person in the list practises Chinese in which of these methods

名字	练习汉语的方法	优点和缺点
林福民	出去旅行，练习听说	……
爱珍	找辅导老师	
汤姆	跟中国学生互相帮助	
望月	打羽毛球，认识中国人	
李钟文	跟中国朋友一起踢球、看球	
飞龙	交中国朋友，去中国家庭做客	
左拉	上街跟中国人聊天儿	
安娜	没有特别的方法	

二、说说这些方法有什么优点和缺点 Tell the advantage and disadvantage of these methods

第24课 你考得怎么样

生词 NEW WORDS

1	简直	jiǎnzhí	副	simply
2	到底	dàodǐ	副	used in a question for emphasis
3	补考	bǔkǎo	动	to make up examination
4	核实	héshí	动	to check
5	反而	fǎn'ér	连	instead
6	脸色	liǎnsè	名	look
7	舒服	shūfu	形	(to feel) well
8	隔壁	gébì	名	neighbor
9	搬	bān	动	to move
10	弹	tán	动	to play
11	钢琴	gāngqín	名	piano

12	人家	rénjia	代	certain person(s)
13	据说	jùshuō	动	It's said...
14	哪怕	nǎpà	连	even
15	道理	dàolǐ	名	reason
16	学期	xuéqī	名	term, semester
17	末	mò	名	end
18	课程	kèchéng	名	course
19	刻苦	kèkǔ	形	diligent
20	安心	ānxīn	形	concentrated
21	复习	fùxí	动	to review
22	手段	shǒuduàn	名	method
23	真正	zhēnzhèng	形	real, genuine
24	目的	mùdì	名	purpose, aim
25	赞同	zàntóng	动	to agree with (to)
26	观点	guāndiǎn	名	viewpoint

课文 TEXTS

1 张 英：瞧你一脸高兴的样子，有什么好事？

左 拉：简直不敢想，结果会是这个样子！[1]

张 英：你快说，到底怎么回事？[2]

左 拉：上个星期二口语课考试，当时我有点儿紧张，担心考不好。

张 英：你考得怎么样？成绩出来了吗？

左　拉：别提了！昨天我知道了成绩，不及格。

张　英：那你多倒霉啊！还得补考。

左　拉：可不是嘛。可刚才我去找老师核实了一下，你猜怎样？

张　英：怎么了？

左　拉：我不但不用补考，反而成了全班第一。[3]原来是老师把成绩写错了！

张　英：啊！？太好啦！你真不简单！

2　老　董：老王，你脸色不太好，是不是不舒服呀？

老　王：不是。我家隔壁新搬来一家，天天吵得我睡不好觉，所以这几天一直没精神。

老　董：睡不好觉可是个大问题啊。

老　王：谁说不是呀。后来我才知道，他们家孩子要考音乐学院，所以天天不是弹钢琴就是唱歌。

老　董：原来是这样。人家要准备考试，你应该理解人家；反过来，你要睡觉，他们也应该理解。[4]这事儿你最好跟他们说说。

老　王：还是不说吧，据说音乐学院挺难考的。[5]

老　董：那也不行啊！谁也不能影响别人的正常生活，哪怕是为了考大学。[6]

老　王：道理上虽说是这样，可现在的孩子考大学也确实挺不容易的。算了，反正过几天考完就没事了。

老　董：你真能理解人啊，我得向你学习。

3 又到学期末了，大多数课程都已经结束，同学们正在准备考试。今年北京的夏天特别热，热得简直让人受不了。但为了准备考试，同学们还是非常刻苦。好在教室、宿舍里都装有空调，大家可以安心地看书复习。平时学习认真的同学，现在根本不用担心考试成绩。飞龙告诉大家：考试只是一种手段，提高汉语水平才是真正的目的，所以大家不要太紧张。大家都赞同他的观点。

注释 NOTES

1 简直不敢想，结果会是这个样子！

"简直"表示完全如此或差不多如此，带有夸张的语气。例如：
"简直" means absolute or almost. It is used as a way of exaggeration, e.g.,

① 这孩子简直是个天才。
② 姑姑家的院子里种满了花，简直像个大花园。
③ 我简直不能相信，丢了半年的车，又找回来了。
④ 爱珍的汉语说得简直跟中国人一样。
⑤ 他那种骄傲的样子简直让人受不了。

2 到底怎么回事？

"到底"用在疑问句中加强语气，表示对事情进一步追问。跟"什么""谁""怎么""哪儿"等疑问代词或"……不……""……没……"一起用。例如：

"到底" is used to strengthen the mood in the question and make further enquiries. It is used together with interrogative pronouns such as "什么", "谁", "怎么" or "哪儿". It can also be used with "……不……" or "……没……", e.g.,

① 爸爸到底什么时候才能回来呀？
② 这份没有名字的考卷到底是谁的？
③ 飞龙不知道爱珍到底是怎么记住那么多生词的。
④ 今天的电影你到底看不看？

3 我不但不用补考，反而成了全班第一。

"不但不／没……，反而……"，前一小句表示按常理应该发生的情况没有发生，后一小句表示按常理不应该发生的情况却发生了。例如：

"不但不／没……反而……". The first clause indicates that something supposed to happen did not happen, and the second clause indicates something not supposed to happen has happened, e.g.,

① 放学以后，小明不但没马上回家，反而去了网吧。
② 吃了药，病不但没好，反而更厉害了。
③ 去国外工作了三个月，老董不但没瘦，反而胖了。

4 人家要准备考试，你应该理解人家；反过来，你要睡觉，他们也应该理解。

"反过来"表示从相反的方面说，引出跟上文相反的另一种意见或情况。例如：

"反过来" is used to indicate opposite opinion or situation to what is mentioned before, e.g.,

① 天气热的时候人体需要补充很多水；反过来，天气冷的时候就不需要补充很多水。
② 你对别人好，别人也会对你好；反过来，你对别人不好，别人也会对你不好。
③ 努力学习才能取得好成绩；反过来，不努力的人，什么也学不好。

5 据说音乐学院挺难考的。

"据说",插入语,说明消息的来源,意思是"根据别人说"。例如:

"据说", a parenthesis, indicates the source of a piece of news, meaning "根据别人说" (according to other people), e.g.,

① 据说这棵树已经 400 多岁了。
② 这种菜据说可以美容。
③ 据老董说,他们住的那座楼要拆了。

6 谁也不能影响别人的正常生活,哪怕是为了考大学。

"哪怕"用于让步复句,表示假设的让步,意思跟"就是"一样。常用于口语,书面语用"即使"。

"哪怕" is used in a hypothetical compound sentence of concession. It is equivalent to "就是" and is used in spoken Chinese. "即使" is used in written language.

(1)"哪怕……也……"表示对"也"后边内容的选择或肯定。例如:

"哪怕……也……" is used to introduce a choice from or an affirmation of what is put after "也", e.g.,

① 哪怕不睡觉,我也要把这本书看完。
② 哪怕卖掉所有的东西,父母也要给孩子治病。

(2)"哪怕"用在第二个分句前边,表示对第一个分句内容的选择或肯定。例如:

"哪怕" used at the beginning of the second clause introduces an example or an affirmation of what is mentioned in the first clause, e.g.,

③ 每个人都应该遵守法律,哪怕他(她)是总统。
④ 孩子要尊敬父母,哪怕有时候父母也会犯错误。

练习 EXERCISES

一、看图说话（用"不但不/没……反而……"） Talk about the pictures (using "不但不/没……反而……")

_____。

_____。

二、用"哪怕"连句　Make sentences using "哪怕"

再忙	他不去
下大雨	不坐公共汽车
什么都不买	没人笑话你
不睡觉	懂这个道理
总经理自己去请他	要准时到教室上课
走着去	他不改变他的主意
不吃早饭	买汉语书
大家都反对	看一看当天的报纸
说错了	把今天的作业做完
小孩子	咱们得去

例 Example

哪怕再忙，咱们也得去。

三、用"到底"完成对话　Complete the dialogues using "到底"

1. A：_____？
   B：我这就走，你再等我5分钟。

2. A：既不是你的，也不是他的，_____？
   B：我也不知道，你问问别人吧。

3. A：平时这时候他早就到了。
   B：谁说不是呢？今天_____？

4. A：我给你讲了半天，你_____？
   B：我还是不太明白。

5. A：_____？

   B：你跟我走就行了。

四、用括号中的词语完成句子 Complete the sentences using the words in the brackets

1. 我今天忙得一天没吃饭，_____。 （简直）
2. 他弄脏了我的衣服，还不道歉，_____。 （简直）
3. 老董的爱人昨天做了美容，今天来上班，大家_____。 （简直）
4. 刚才张英说话太快了，_____。 （简直）
5. _____，你去那儿旅游时多带点儿衣服。 （据说）
6. _____，所以他这几天没来上课。 （据说）
7. 夏天买冷饮的比较多，_____。 （反过来）
8. 年轻人不懂老年人的想法，_____，所以经常有矛盾。 （反过来）

五、用本课的生词填空 Fill in the blanks with the new words in this lesson

1. 汤姆上学期有一门专业课不及格，需要_____。
2. 你_____不好，是不是身体不_____？
3. _____新_____来的小伙子一天到晚开着音响，得邻居不能休息。
4. 张英的哥哥不但会弹_____，而且还会_____吉他。
5. 这孩子虽然年纪小，可是非常懂_____。
6. 安娜平时学习非常_____，所以她的成绩很好。
7. 爱珍学汉语的_____是为了学唱京剧。
8. 这个_____快要结束了，同学们都在_____，准备考试。

9. 关于这个问题的对或错，每个人都可以说出自己的_____。

10. 汤姆是一个_____的足球迷，只要有比赛，他就非看不可。

会话 DIALOGUE

▶ 一、回忆一下，下面这些不愉快的事都是谁遇到的 Recall who has been in the following troubles

- 摔断了胳膊
- 学习成绩下降了
- 房间正对着公共汽车站，夜里睡不着觉
- 看了一场不够精彩的球赛
- 隔壁的邻居吵得他不能睡觉
- 出去旅游晕车
- 同屋是个"夜猫子"

▶ 二、这些事是怎么发生的？对他们有什么影响？解决了吗？ How did they get into these troubles? Did these troubles have any influence on them? Are these troubles solved?

词汇表
VOCABULARY

A

哎	āi	叹	20
爱好	àihào	动/名	17
爱惜	àixī	动	19
安心	ānxīn	形	24

B

白	bái	副	21
搬	bān	动	24
半路	bànlù	名	13
棒	bàng	形	23
保持	bǎochí	动	14
保龄球	bǎolíngqiú	名	14
报社	bàoshè	名	16
本	běn	代	17
鼻涕	bítì	名	19
别的	bié de		23
别提	biétí	动	13
补考	bǔkǎo	动	24
不得不	bù dé bù		22
不然	bùrán	连	16
不停	bù tíng		22

C

长寿	chángshòu	形	14
场	chǎng	量	21
超级	chāojí	形	21
成	chéng	动	23
出线	chū xiàn		21
除非	chúfēi	连	21
辞职	cí zhí		16
从头到尾	cóng tóu dào wěi		13
存(钱)	cún (qián)	动	17

D

答应	dāying	动	16
打赌	dǎ dǔ		15
代表	dàibiǎo	动/名	19
导游	dǎoyóu	名	13
倒	dào	副	14
倒霉	dǎoméi	形	19
到处	dàochù	副	22
到底	dàodǐ	副	24
道德	dàodé	名	21
道理	dàolǐ	名	24
登	dēng	动	22

调查	diàochá	动/名	16
动物	dòngwù	名	17
都	dōu	副	20
断	duàn	动	19
对方	duìfāng	名	23
多数	duōshù	名	16

F

反而	fǎn'ér	连	24
反正	fǎnzhèng	副	15
方面	fāngmiàn	名	18
放松	fàngsōng	动	13
非…不可	fēi…bùkě		20
风景	fēngjǐng	名	22
风沙	fēngshā	名	22
佛像	fóxiàng	名	13
否则	fǒuzé	连	18
服	fú	动	19
复习	fùxí	动	24
复杂	fùzá	形	19
副作用	fùzuòyòng	名	19

G

感觉	gǎnjué	动/名	13
钢琴	gāngqín	名	24
胳膊	gēbo	名	19
隔壁	gébì	名	24
各	gè	代	17
根本	gēnběn	副	18
公布	gōngbù	动	16
关键	guānjiàn	名/形	15
关心	guānxīn	动	14
观点	guāndiǎn	名	24
广场舞	guǎngchǎngwǔ	名	14
规律	guīlǜ	名	20

H

害怕	hàipà	动	13
寒冷	hánlěng	形	22
毫不	háo bù		23
好心	hǎoxīn	形/名	13
嗬	hē	叹	18
何况	hékuàng	连	23
核实	héshí	动	24
互	hù	副	23
互相	hùxiāng	副	18
滑雪	huá xuě		22
划算	huásuàn	动	17
回	huí	量	13
火炉	huǒlú	名	22

J

激烈	jīliè	形	14
集邮	jí yóu		17
几乎	jīhū	副	18
记者	jìzhě	名	16

纪录	jìlù	名	14
季节	jìjié	名	22
寂寞	jìmò	形	19
加油	jiā yóu		23
家庭	jiātíng	名	18
假日	jiàrì	名	17
假如	jiǎrú	连	18
减少	jiǎnshǎo	动	18
简直	jiǎnzhí	副	24
健康	jiànkāng	形/名	14
健美操	jiànměicāo	名	14
交	jiāo	动	19
教授	jiàoshòu	名	16
节目	jiémù	名	17
节奏	jiézòu	名	17
结局	jiéjú	名	15
尽管	jǐnguǎn	连	23
尽力	jìn lì		21
经过	jīngguò	名/动	15
经济	jīngjì	名	16
精彩	jīngcǎi	形	21
精美	jīngměi	形	17
就是	jiùshì	连	15
俱乐部	jùlèbù	名	21
据说	jùshuō	动	24

K

开（药）	kāi (yào)	动	19
开赛	kāisài	动	21
开心	kāixīn	动	13
看望	kànwàng	动	19
看样子	kàn yàngzi		16
科教片	kējiàopiàn	名	15
科学家	kēxuéjiā	名	16
咳嗽	késou	动	19
可惜	kěxī	动/形	22
刻苦	kèkǔ	形	24
课程	kèchéng	名	24
恐怕	kǒngpà	副	20
口味	kǒuwèi	名	15

L

啦啦队	lālāduì	名	23
来不及	láibují	动	21
篮球	lánqiú	名	14
懒	lǎn	形	20
浪漫	làngmàn	形	15
老百姓	lǎobǎixìng	名	16
乐趣	lèqù	名	22
理想	lǐxiǎng	形/名	16
连续剧	liánxùjù	名	15
联赛	liánsài	名	21
脸色	liǎnsè	名	24

聊天儿	liáo tiānr		17
领导	lǐngdǎo	名/动	16
另	lìng	代	18
流行	liúxíng	形/动	15
楼道	lóudào	名	19

M

满足	mǎnzú	动/形	15
慢镜头	mànjìngtóu	名	21
矛盾	máodùn	名/形	18
没用	méi yòng		13
门	mén	量	23
末	mò	名	24
目的	mùdì	名	24

N

拿主意	ná zhúyi		18
哪怕	nǎpà	连	24
难道	nándào	副	16
难得	nándé	副/形	23
暖和	nuǎnhuo	形	22

P

拍	pāi	动	15
盼望	pànwàng	动	22
片	piàn	量	13
片子	piānzi	名	20
偏	piān	副	21
乒乓球	pīngpāngqiú	名	14
平常	píngcháng	名/形	18
平和	pínghé	形	14

Q

气氛	qìfēn	名	21
气功	qìgōng	名	14
气温	qìwēn	名	22
强	qiáng	形	21
轻松	qīngsōng	形	15
去世	qùshì	动	18
全家福	quánjiāfú	名	18
却	què	副	15

R

然而	ránér	连	18
人各有志	rén gè yǒu zhì		16
人家	rénjia	代	24
人口	rénkǒu	名	18
人物	rénwù	名	17
认	rèn	动	18
认为	rènwéi	动	16
如	rú	动	22
如此	rúcǐ	代	15

S

伞	sǎn	名	22
伤	shāng	名/动	19
伤心	shāng xīn		14
上场	shàng chǎng		23

甚至	shènzhì	副	19
生意	shēngyi	名	16
失望	shīwàng	动	17
失业	shī yè		16
十全十美	shí quán shí měi		13
实际	shíjì	名/形	16
世界	shìjiè	名	17
式	shì	名	15
收藏	shōucáng	动	17
收获	shōuhuò	名/动	19
收入	shōurù	名	16
手段	shǒuduàn	名	24
受	shòu	动	14
受不了	shòu bu liǎo		22
舒服	shūfu	形	24
输	shū	动	15
摔跤	shuāi jiāo		19
顺序	shùnxù	名	16
四季	sìjì	名	22
寺	sì	名	13
虽说	suīshuō	连	15
随	suí	动	14
所有	suǒyǒu	形	13

T

塔	tǎ	名	13
台球	táiqiú	名	14
太极拳	tàijíquán	名	14
谈不上	tàn bu shàng		17
弹	tán	动	24
探索	tànsuǒ	动	15
躺	tǎng	动	20
淘汰	táotài	动	21
套	tào	量	17
提高	tígāo	动	23
体育场	tǐyùchǎng	名	21
通过	tōngguò	介/动	21
通用	tōngyòng	动	23
同	tóng	形	18
同事	tóngshì	名	16
透	tòu	形	19
吐	tù	动	13
推	tuī	动	13
推荐	tuījiàn	动	15
退	tuì	动	21
丸	wán	名	19
围	wéi	动	22
唯一	wéiyī	形	18
无论	wúlùn	连	13
五花八门	wǔ huā bā mén	连	17
午睡	wǔshuì	动/名	20

X

闲	xián	形	17

现场	xiànchǎng	名	21	由	yóu	介	23
羡慕	xiànmù	动	16	由于	yóuyú	连	17
项	xiàng	量	16	游泳	yóu yǒng		14
像	xiàng	动	18	友谊	yǒuyì	名	23
小说	xiǎoshuō	名	19	有关	yǒuguān	动	21
心情	xīnqíng	名	13	有时	yǒushí	副	23
辛苦	xīnkǔ	形	15	于是	yúshì	连	17
新鲜	xīnxiān	形	20	愉快	yúkuài	形	13
信	xìn	动	21	与其	yǔqí	连	21
幸福	xìngfú	形	18	羽毛球	yǔmáoqiú	名	14
悬空	xuánkōng	动	13	预报	yùbào	动	22
学期	xuéqī	名	24	遇到	yù dào		13
Y				愿意	yuànyì	动	16
压力	yālì	名	17	约	yuē	动	23
严重	yánzhòng	形	19	运动	yùndòng	名/动	14
演	yǎn	动	15	晕车	yùn chē		13
养	yǎng	动	19	**Z**			
样子	yàngzi	名	13	赞同	zàntóng	动	24
样子	yàngzi	名	15	早晨	zǎochén	名	20
要紧	yàojǐn	形	19	早起	zǎo qǐ		20
也许	yěxǔ	副	20	增长	zēngzhǎng	动	17
夜生活	yèshēnghuó	名	20	增多	zēngduō	动	18
一来…二来…	yīlái…èrlái…		22	增进	zēngjìn	动	23
已	yǐ	副	23	照顾	zhàogù	动	18
赢	yíng	动	21	真正	zhēnzhèng	形	24
幽默	yōumò	形	23	睁	zhēng	动	22

之	zhī		助	13	足球	zúqiú	名	14
之后	zhīhòu		名	20	组	zǔ	量	21
之前	zhīqián		名	20	尊敬	zūnjìng	动	16
知识	zhīshi		名	16	左右	zuǒyòu	名	20
值得	zhídé		动	22	做操	zuò cāo		20
职业	zhíyè		名	16	做主	zuò zhǔ		18
只好	zhǐhǎo		副	20	长	zhǎng	动	18
指	zhǐ		动	23				
至于	zhìyú		介	22				

专 名

安娜	Ānnà		23
长沙	Chángshā		22
重庆	Chóngqìng		22
东北	Dōngběi		22
桂林	Guìlín		22
泰山	Tài Shān		13
吐鲁番	Tǔlǔfān		22
武汉	Wǔhàn		22
西班牙	Xībānyá		23
新疆	Xīnjiāng		22
悬空寺	Xuánkōng Sì		13
应县	Yìng Xiàn		13

治	zhì		动	19
重要	zhòngyào		形	20
周	zhōu		名	14
周围	zhōuwéi		名	22
逐渐	zhújiàn		副	18
主力	zhǔlì		名	23
注意	zhùyì		动	18
著名	zhùmíng		形	21
专业	zhuānyè		名	23
转播	zhuǎnbō		动	21
追	zhuī		动	15
准时	zhǔnshí		形	20